银行业金融知识读本
青年篇

（2014版）

中国银行业监督管理委员会
公众教育服务中心◎编著

中国金融出版社

责任编辑：吕　楠
责任校对：孙　蕊
责任印制：程　颖

图书在版编目（CIP）数据

银行业金融知识读本青年篇（Yinhangye Jinrong Zhishi Duben Qingnianpian）（2014版）/中国银行业监督管理委员会公众教育服务中心编著. —北京：中国金融出版社，2014.8

ISBN 978 – 7 – 5049 – 7623 – 9

Ⅰ.①银…　Ⅱ.①中…　Ⅲ.①金融—青年读物　Ⅳ.①F83–49

中国版本图书馆CIP数据核字（2014）第190728号

出版
发行　**中国金融出版社**

社址　北京市丰台区益泽路2号
市场开发部　（010）63266347，63805472，63439533（传真）
网 上 书 店　http://www.chinafph.com
　　　　　　　（010）63286832，63365686（传真）
读者服务部　（010）66070833，62568380
邮编　100071
经销　新华书店
印刷　利兴印刷有限公司
尺寸　185毫米×260毫米
印张　7.75
字数　85千
版次　2014年8月第1版
印次　2014年9月第2次印刷
定价　28.00元
ISBN 978 – 7 – 5049 – 7623 – 9/F. 7183
如出现印装错误本社负责调换　联系电话（010）63263947

本书编委会

主　　编：刘　元

副 主 编：杨元元

成　　员：闫建东　向巴泽西　王　召　田新宽　胡　雪

　　　　　徐一臻　朱　林　侯妍妍　赖　恽　刘宏涛

　　　　　梁　静　管申一　许航航　盛　夏　杜焕新

　　　　　林万宝　冯　刚　陈　婕

序

　　肇始于2008年的全球金融危机使金融监管者深刻意识到维护公众对金融体系信心的重要性，各国痛定思痛，将金融消费者保护工作提到了空前的高度。二十国集团、经济合作与发展组织、世界银行等国际组织都对加强金融消费者保护提出了政策倡议，其中，加强对公众的金融教育，提高公众金融素质是最为重要的一环。金融消费领域具有信息不对称、交易双方地位不对等的固有特点，要减轻乃至消除信息不对称，营造健康和谐的金融消费环境，开展金融知识宣传普及是必由之路。与国际情况相比较，我国金融行业虽然起步较晚，但金融产品和服务的创新速度却日新月异，社会公众了解金融、运用金融的需求十分迫切，大力开展金融教育也就成为监管部门和金融行业义不容辞的责任。

　　秉承保护存款人和其他客户的合法权益、维护公众对银行业信心的法定职责，中国银监会长期致力于开展金融知识宣传普及工作，在各部委中率先建立公众教育服务中心，接待社会公众现场和电话咨询，组织金融知识专题讲座，发挥向社会大众普及金融知识、增强消费者风险防范能力的功能。为加大工作力度，中国银监会设立了银行业消费者权益保护局，专门开展消费者保护和金融知识宣传普及工作，通过组织全国银行业在每年9月开展"金融知识进万家"活动、与媒体广泛合作开展金融知识宣传等方式，不断拓宽

1

金融知识宣传普及渠道，提升全体公众的金融知识水平。

与此同时，中国银监会还特别关注老年人、青少年、农民等金融知识薄弱的特殊人群，根据各类群体的需求分别开展有针对性的金融知识宣传普及。在此思路下，中国银监会公众教育服务中心酝酿并编著了《银行业金融知识读本》系列丛书。该套丛书在内容方面精心选择了不同读者人群日常生活所需的主要银行业金融知识，力图做到量体裁衣、因材施教。在解释金融产品和服务特点及风险的同时，还着力介绍科学合理的财务规划理念，引导读者提升财务管理能力，增强风险防范和依法维权意识，共同享受现代金融服务给生活带来的便利。

《银行业金融知识读本》系列丛书的出版，是中国银监会进一步丰富金融知识宣传普及方式的有益尝试。中国银监会愿与社会各界广泛合作，共同开展金融知识宣传普及工作，为提高全体国民的金融素质而不懈努力。

中国银监会副主席　郭利根

二〇一四年八月

目　录

1 科学管理财务

个人财务管理，是在对收入、资产、负债等数据进行分析整理的基础上，根据个人对风险的偏好和承受能力，运用诸如储蓄、理财、保险、基金、贷款、信用卡等多种手段管理资产和负债，从而实现人生各个阶段财务有效配置的过程。财务管理是每个人都应该掌握的基本生活技能，本书将从树立科学财务管理理念入手，与青年朋友一起学习制定财务规划，培养良好的财务管理习惯，选择和使用合适的金融产品和服务，为幸福美满的生活提供保障。

1.1 树立科学的财务管理理念

一个企业的发展需要科学的财务管理，需要短期、中期与长期目标的相互协调。同样，对个人而言，管理财务也是人生重要的部分，维持健康的财务状况就像保护良好体魄一样，需要精心规划、持续管理和坚持不懈。

财务管理不仅包括个人资产的持续管理，也包括个人负债的科学规划。资产管理能带来生活上的安定、快乐与满足，而适当负债可以调节不同人生阶段的收支情况，同样是达到财务目标的有效途径。

1.1.1 财务管理的意义

在日常生活中，许多青年朋友持有"有钱了才需要管理财务"的观念，认为每月收入应付日常生活开销就已所剩无几，哪谈得上财务管理呢？

事实上，财务管理对于收入较低、财产较少的青年朋友也许更为重要。举个例子，假如一个青年朋友辛苦积攒了10万元储蓄，因缺乏科学的管理，造成财产损失或无法偿还债务，很可能会立即出现危及基本生活保障的问题；而拥有百万、千万、上亿元"身家"的人，即使管理失误，损失一定财产可能也并不至于影响其基本生活。

因此，树立财务管理的观念，对于贫富老幼，都是伴随人生的大事，每个人都要严肃而谨慎地看待财务问题。美国财务管理专家柯特·康宁汉有句名言："不能养成良好的财务管理习惯，即便拥有博士学位，也难以摆脱贫穷。"从第一笔收入开始，即使第一笔收入支付个人固定开支后所剩无几，也不要低估微薄小钱的聚敛能力，1000元有1000元的管理方式；从第一次负债开始，即使第一笔负债微不足道，也必须坚持准时偿还，避免财务失控。

总之，不要忽视小钱的力量，就像零碎的时间一样，只要坚持，懂得充分运用，其效果自然惊人；也不要过度负债，若不妥善管理，债务问题可能导致生活压力骤增、家庭失和，甚至影响一生的幸福。财务管理的关键问题是要对自己有一个清醒而客观的认识，树立坚强的信念和必胜的信心。

在我们身边，有些人一辈子工作勤奋努力，辛辛苦苦地存钱，既不知有效运用资金，也不会适当消费享受；还有一些人不顾自己的还款能力而过度负债，最后导致严重的财务危机，这些人的财务管理都存在明显的问题。

财务管理是一个长期过程，需要时间和耐心。每个人都应将资产的安全性放在第一位，盈利性放在第二位。对年轻人来说，应当趁早开始管理财务，建立持续管理的理念与思路，设立长远规划的方案，形成适合自己的财务管理原则，这样才能创造出独特的人生财富。

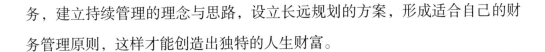

专栏 | 财务管理能力来自于学习和实践

　　不少青年朋友以"没有数字概念"、"天生不擅长管理财务"等借口规避与生活休戚相关的财务管理问题。很多人将财务管理归为个人兴趣的选择，或是一种天生具有的能力，甚至与所学领域有连带关系，没有金融领域经验者自认为与财务管理问题无关而自暴自弃、随性而为，一旦面临重大财务问题，只能后悔没有处理金钱的能力。事实上，财务管理能力并非与生俱来，耐心学习与积累经验才是重点。也许具有较强的数字观念或本身学习商务、经济等学科者较能触类旁通，也较有财务管理意识，但财务管理问题是人生如影随形的事情，尤其是现代经济日益发达，每个人都应该主动学习财务知识，勇于承担财务管理责任。

1.1.2　财务管理的不同需求

　　在树立科学的财务管理理念后，青年朋友应根据人生不同阶段的财务需求，及时制定和调整策略和目标。

　　▶**人生的不同阶段会有不同的财务需求**

　　▶求学成长期：这一时期以求学、完成学业为阶段目标，此时应多充实有关财务管理方面的知识。如有需要，可以使用助学贷款等金融产品。同时应逐渐树立正确的消费观念，切勿盲目追赶时尚、随意透支消费。

　　▶参加工作初期：参加工作赚取薪水是追求经济独立的基础，此时正处于人生起步期，较有事业冲劲，是储备资金的好时机，可开始尝试进行财务管理的具体操作，注重开源节流，提高资金运用效率，切勿冒进急躁。

▶成家立业期：结婚生子代表着人生进入了转型调整的新时期，此时的财务管理目标因条件及需求不同而各异，若是双薪无小孩的"新婚族"，积蓄增长较快，在资产端可尝试配置部分风险较高的投资，也可通过适当负债实现购房或买车的目标，或争取贷款自行创业；而有小孩的家庭则应兼顾子女养育支出，财务上宜采取稳健的投资策略。

▶子女成长壮年期：此阶段财务管理的重点在于为子女储备教育费用。子女成长导致家庭开销渐增，加上赡养父母的责任，医疗费、保险费的负担也须考虑。此时因工作经验逐渐丰富，收入相对增加，财务上宜采取多元化的组合投资方式。

▶空巢中年期：子女大学毕业参加工作后，多半可以自给自足，家庭支出逐渐减少，这时要提前考虑退休后的财务安排。投资可逐步向安全性较高的保守路线靠拢，并在负债方面采取谨慎态度，考虑逐渐将债务还清。

▶退休后老年期：此时应是财务相对宽裕的时期，但休闲、医疗费的支出增大，享受退休生活的同时，财务上更应采取"守势"，以"保本"为目的，不从事高风险的投资；避免负债行为，以免影响身心健康及生活质量。还应及早拟定财产转移的计划，考虑采取遗产继承还是赠予等方式实现财产传承。

从时间长度来看，一般人20岁至25岁完成学业，55岁至60岁退休，可用于工作赚取收入的时间只有30年至40年，而现在人均寿命接近80岁，退休之后还有20多年的生活需要靠工作期间获得的财富及财富的增值来保障。如何保证退休生活维持在理想的水平，对不少人都是很大的挑战。

正是人生不同阶段这种收入与支出的不匹配，体现了财务管理的必要性。财务管理不只是有钱人的事情，而是每个人、每个人生阶段都应该认真考虑并对待的问题。

1.2 制定适合的财务规划

每个人的生活都离不开钱。有些青年朋友习惯于让资金长期存放在活期账户，随意使用信用卡消费或购买喜欢的商品，或者在他人的怂恿下选择高风险的投资方式，这样做是理性、科学的吗？

1.2.1 什么是财务规划

我们建议每个青年朋友都要建立自己的财务规划。财务规划，就是了解和控制自己的财务状况，让资产和负债真正为自己服务。具体来讲，财务规划是一个通过适当的财务管理，订立、规划、实行和检讨人生财务目标的过程。

财务规划不仅涉及财富增值和适当负债，也涉及日常消费、结婚生子、购置房产、子女教育、退休储蓄、购买保险等。一个全面的财务规划应该涵盖生活的不同层面。

财务规划是持续不断、贯穿一生的课题。科学的财务规划可以帮助自己顺利地达到各项财务目标。你需要做的，就是花点时间好好计划一下。

1.2.2 财务规划的重要性

财务规划是一门重要的生活技能，它能帮助形成自己的财务管理策略、制订切实可行的计划及评估适合自己的金融产品，以妥善规划未来，更有效地达到财务目标。

▶**有效的财务规划可以帮助你**

满足当前的财务需要

每月收支平衡吗？

支出是否已超过收入？

经常使用信用卡消费吗？

是否难以偿还信用卡债务？

达成未来财务目标

有什么财务目标，下个月购买一部新手机？明年出国度假？给未来购房存够首付？

考虑到财务现状，这些目标是否切实可行？

储备应急资金

当人处于顺境时，通常不会想到未雨绸缪。是否有足够的应急资金储备，例如相当于三个月至六个月日常生活费用的储蓄，以备不时之需？

规划退休生活

是否已经详细评估过退休后的生活需要及自己拥有的财富价值？

是否需要控制支出、增加储蓄及投资来累积财富，以满足退休后的生活需要？

1.2.3 如何开始财务规划

做好财务规划的秘诀就是清楚地知道：现在的情况如何，对未来的希望是什么，如何做才能达成目标。如果学会了科学地进行财务规划，就可以通过适当负债使用更多的财务资源，在相同初始资产的情况下获取更高的收益。

青年朋友如果已经结婚组建自己的家庭，在制定家庭财务规划的时候，应该把夫妻二人的财务状况都纳入这个计划。

1.2.3.1 了解自己的财务状况

财务规划过程的第一步，就是准确了解自己目前的财务状况，包括资产状况和负债状况。

$$资产净值=总资产-总负债$$

总资产是指拥有的所有财产，包括储蓄存款、理财产品、股票、债券、房产等；而总负债是指所有的欠债，如按揭贷款、信用卡欠款及未偿还债务等。

企业有企业的财务报表，每个人也应有自己的财务报表，请专业财务规划人员或学习使用财务管理软件编制一套简单的包括资产负债表、损益表、现金流量表等在内的个人财务报表，有利于清楚地认识自己的财务状况，进而明确从什么地方入手进行财务规划。

▶个人财务报表分析可以帮助你清楚了解

现在有多少资产，其中自用资产（自用的房产、汽车等）占比多少、个人投资资产（储蓄存款、理财产品、股票等）占比多少，这些比例是否合理；

现在有多少负债，其中消费方面的负债、投资方面的负债、自用资产形成的负债各占比多少，这些比例是否合理；

每月收入中有多少是工资收入、多少是投资收入（一旦退休或停止工作，投资收入能支撑多少个人支出）；

每月支出中日常必需品支出是多少、非必需品支出是多少，比例是否合理，可以进行怎样的调整；

每月能有多少资金用于投资，低风险投资（例如储蓄、国债等）和高风险投资（例如股票、股票型基金等）比例是否合理，是否能够支持自己的财务规划；

个人资产中对哪些市场因素比较敏感，利率、汇率、股市表现等因素会对个人资产产生怎样的影响等。

1.2.3.2 认识自己的风险属性

一个人的财务风险属性一般体现在风险承受态度和风险承受能力两个

方面。

风险承受态度是指主观上是否有接受风险的意愿，是否做好了充分的思想准备；而风险承受能力则主要指客观经济条件是否允许自己承担这些风险。

有高风险承受能力的人未必愿意真正面临高风险，可能采取比较保守的财务策略；而有较高风险承受态度的人，如果没有相适应的风险承受能力，可能会在资产和负债配置上相对激进，带来财务上的危机。

►下面这些因素会影响风险承受能力

年龄

年龄是常见的影响风险承受能力的因素。如果你正处在青壮年，事业处于上升期，收入持续增加，那么在支出不变的情况下个人投资资产会增加，有一定的能力承担较高风险，意味着你的风险承受能力比靠固定养老金生活的老年人强。

现有资产状况

现有资产状况显示了可支配资源和风险承受能力。如果拥有的资产较少，承担大幅损失的能力就较弱，应该更侧重于将投资分配在储蓄存款或风险较低的理财产品上。

家庭状况

家庭状况是财务规划必须考虑的重要因素。如果需要在短期内使用资金，或者家庭成员可能因为教育、疾病等原因使用大笔资金，无法承受投资损失带来的后果，那么就应该避免承担这样的风险，选择零风险或低风险投资。

►在整个财务规划及其执行过程中你可能遇到以下问题

本金损失

可能损失部分投资本金，这是整个财务规划中你要面临的主要问题之一。购买非保本的理财产品就是一个例子，虽然此类理财产品的预期收益率一般要高于保本理财产品，但与此同时承担了更高的风险，投资本金可能面临损失。

过度负债

住房按揭贷款通常是青年朋友一生面临的最大负债，如果未能选择合适的每月还款额，可能导致财务压力过大，影响日常生活；另外，信用卡、汽车消费贷款等快捷信贷方式可能过分透支个人资产，使贷款者在提前享受生活的同时付出一定的代价。

目标偏差

这与个人确定的财务目标有关。一个人通常会预期未来财富能够增长到一定程度，到时可以用这些钱来偿还贷款或者用来养老。但由于风险与收益相匹配，如果选择的投资产品是零风险或是较低风险的，那么可能收益较低；如果选择的投资产品是较高风险的，那么在投资过程中甚至可能损失部分本金，这些都有可能导致财富增值无法达到预期目标。

利率风险

银行存贷款利率都有可能变化，而且有时不是同步、同时变动，需要对个人存款收益和贷款利息的影响进行详细的分析。此外，利率变动还会在一定程度上影响相关投资产品的收益。

通货膨胀

通货膨账是指流通中的货币数量超过实际经济需要而引起的货币贬值和物价水平全面而持续地上涨。物价上涨会降低购买力，比如原来10元的东西现在涨到12元，那么同样是100元，原来可以买10个，现在只够买8个，直观的感觉就是"钱不值钱了"。

1.2.3.3 明确自己的财务目标

不管财务目标大小或年限长短，明确的财务目标都会产生激励作用。

财务目标表明自己打算在不同时期如何使用资产和负债。只有设定了财务目标，才更有动力控制支出和坚持管理财务，因为只有这样才能达到目标。每个人的财务目标都会因为其所处的人生阶段和实际情况不同而有差异，但一般都是自己认为重要的事情。对多数人而言，财务目标通常包含以下几种：

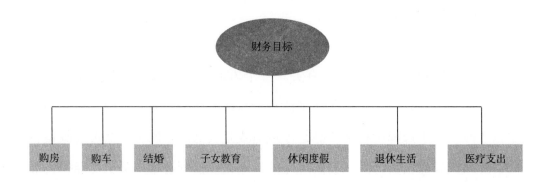

财务目标在同一个人和家庭的不同时期也会不同，这就需要持续制定和修改财务目标，持续激励自己和家人不断地努力。可以将所有的目标按紧迫程度进行划分：

短期目标

一年内就能完成的事情，少则一个星期，多则几个月，比如买一件新衣服或存一笔钱去旅游度假。

中期目标

一般指在一年至五年内能完成的事情，比如买辆新车或是结婚。

长期目标

需要五年至十年，或更长的时间，比如购置新房或子女的教育。

设定每个财务目标时应该具体到金额，同时应该考虑收入水平、工作状况、实现时间等。

1.2.3.4　改善自己的收支状况

确定了财务目标后，可能觉得达成这些目标有点困难，尤其是在没有多少积蓄的时候。在努力增加收入的同时，好好计划一下消费支出，目标就会比想象的要容易实现得多。

在作出合理的支出计划前，应该好好分析一下平时钱都花在了哪里。应该清楚：

- 每月收入多少

- 每月支出多少，都用在哪些方面

- 每月能剩余多少

如果发现每个月底都没有余钱，就有必要反思一下自己的消费习惯。重新检查支出，分析一下哪些支出是必需的，哪些是不必要的，哪些是以后可以减少或取消的。如果出现以下信号，说明你有不良消费习惯，如果不及时纠正可能会导致更严重的财务问题：

- 储蓄开始减少，甚至把以前的储蓄用于支付现在的消费

- 开始拖延一些本应该按时支付的款项

- 月末经常入不敷出

- 经常冲动地购买不必要的商品

为了纠正不良消费习惯，需要制定一个收支预算，并严格执行。收支预算应包含以下内容：

- 计算每月总收入

- 计算每月总支出，包括每月固定要支付的账单、要偿还的贷款、房租、日常开销等

- 留出一定资金，用来准备应急和支付一些按季度或按年支付的款项，比如物业、有线电视、网络等费用

如果收入扣除支出和预留资金后没有多余的款项，则需要考虑削减一些

不必要的开支。削减开支并不一定导致降低生活质量、减少生活乐趣，一个成功的预算可以让自己享受财务上的自由，帮助自己达成财务目标，并在未来持续享受自由、自主、自在的生活。

1.2.3.5 维护自己的良好信用

现代社会是个讲究信用的社会，个人信用记录就是"经济身份证"，良好的信用记录可以为个人财务带来更大的便利。青年朋友可以通过申请贷款、办理信用卡等合理负债行为，更从容、科学地管理个人财务状况。因此，要妥善运用及维护好自己的信用记录。

首先，要建立起管理个人信用记录的主观意识。从拥有第一张信用卡，或者申请第一笔贷款开始，自己的个人信用就已经被记录在案。

其次，建立良好的按期还款习惯。逾期还款会对个人信用记录带来负面影响。可以尝试将信用卡与借记卡账户绑定，开通自动还款业务，并提前规划和安排贷款偿还事项，避免逾期发生。

最后，要建立起量入为出的合理消费习惯。出于各种原因，你可能办理了一张或多张信用卡，在提供便利的同时也增大了管理个人信用的难度，另外，过多的信用卡也可能刺激过度的消费欲望，造成入不敷出的窘境。

专栏 ｜ 个人征信系统

个人征信系统又称消费者信用信息系统。简单地说，个人征信系统就是由中国人民银行征信中心给每个人建立一个"信用档案"，即个人信用记录，再提供给商业银行、消费者本人、金融监管机构、司法部门以及其他政府机构使用。有了征信系统的介入，消费者向银行申请贷款及信用卡时，银行就可在征得消费者同意后，查询消费者的信用报告，并作为贷款及信用卡审批的重要参考因素。个人征信系统一方面是防范金融风险的工具，起到维护金融稳定的作用，另一方面也推进了社会信用体系的建立。

《例1 因疏忽导致不良征信记录

小张是北京某大学的毕业生，本科期间曾申办了一张低额度的学生信用卡，一直正常使用。毕业后，小张到异地攻读研究生，并继续使用这张信用卡，但不久后不慎将卡丢失。丢失后小张没有挂失，并误认为卡片丢失后就与自己无关了，也没有继续查看卡片账户。工作后小张打算买房，在办理房贷时，发现自己个人信用存在不良记录而无法贷款，原因就是该信用卡有一笔几十元的透支取现交易一直未还款，而他到异地后由于联系方式变化未告知银行，银行无法联系到他，导致信用卡逾期时间过长，进而影响了个人信用记录。

小张发现此情况后还清了欠款，但个人信用记录中的不良记录却不会随欠款的还清而立即消除。小张的一时疏忽影响了他申请房贷，导致他无法如期实现购房的财务目标。

1.2.4 财务规划的常见误解

《例2 小明的误解

2009年，小明大学毕业后顺利进入了一家网络公司工作，收入不菲。小明性格外向，是朋友当中的绝对核心，拥有一群铁哥们儿，平时吃吃喝喝，周末与朋友外出游玩，生活丰富多彩，一晃五年过去了。

小明的女朋友和双方父母都催着结婚，买房自然是头等大事。小明翻出自己的存折看看，才不过5万元。2014年，网络公司业绩欠佳，员工的工资福利也不如以前了。小明觉得自己基本上就是"月光族"，拿什么去买房结婚？

有朋友建议小明说："比起其他人，你的收入也不算少了，应该理理财，适当控制消费存点钱，再把闲钱拿出来投资"。小明说："要是有三五十万元，我也弄弄投资，兴许还能把房子问题解决了，就现在这点儿钱，投资也赚不了几个钱，懒得折腾。"

小明正处在参加工作不久的阶段，缺乏财务管理意识，习惯了没有计划、随意消费的生活，才导致现在的被动局面。算起来，小明五年的收入总额也超过五十万元了，如果从参加工作时就开始进行财务规划，现在应该可以支付买房的首付了。

很多年轻人都像上面案例中的小明一样，认为财务规划是有钱人的事情，觉得自己不需要财务规划，其实，这是对财务规划的误解。财务规划并非富翁的专利，每个人都需要财务规划。如果有一个明确的财务目标，无论收入、积蓄或多或少，都能从中获益。此外，大部分人一提到财务规划，就想当然地跟投资画上等号。事实上，尽管投资是财务规划很重要的一部分，但财务规划并不等同于投资。

▶以下是一些对于财务规划的常见误解

财务规划只是投资的另一种说法

财务规划并非只包括投资，它涵盖个人财务的各方面事宜，包括资产的管理和负债的使用，帮助自己实现人生不同阶段的财务目标，例如创业、结婚、置业安居、生儿育女、退休等。

财务计划一旦拟备，便可一劳永逸

财务规划并非一次性的工作，需要定期审视和检讨，以确保其不会偏离目标或实际情况，特别是当你的生活状况发生变动时。

临近退休时才需要开始进行财务规划

财务规划有助于达到人生的各阶段财务目标，越早开始财务规划，越早得益。

财务管理面对通货膨胀无能为力

在通货膨胀环境中，货币贬值、物价上涨，个人资产存在"缩水"的风险，而适当的财务规划能够帮助缓解这种风险。一种方法是管理资产，使自己的资产增值，力争使增值速度大于通货膨胀率；另一种方法就是合理负债，由于负债的偿还通常以合同约定金额为标准而不考虑通货膨胀因素，个人偿还金额的实际价值必然低于其所借入款项的实际价值，在一定程度上抵御了通货膨胀带来的损失。

1.3 养成良好的财务管理习惯

许多人因为没有养成良好的财务管理习惯，不知不觉陷入种种财务误区。以下是一些财务管理方面的良好习惯，供青年朋友参考。

1.3.1 坚持记账

刚刚步入社会的青年朋友通常缺乏财务管理经验，听到"财务管理"这个词时，难免想到一些复杂的工具和手段，却忽视了财务管理的第一步：记账。

1.3.1.1 记账的意义

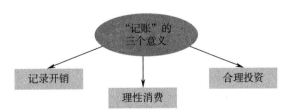

记账是财务管理的基础

记账貌似琐碎，却是对财务管理有很大帮助的好习惯。通过对日常开销进行记录，看看到底每个月赚了多少钱、花了多少钱，并且知道钱都花在了什么地方。

记账助你理性消费

很多青年朋友赚钱并不少，但是却因为不能理性消费而导致入不敷出。这个时候通过记账，搞清楚每笔钱的去向，是避免大手大脚的有效手段。

记账开启投资之路

生活趋于稳定之后，记账的又一个作用逐渐显现，那就是帮助青年朋友合理投资。请永远记住，记账是一切理财投资活动的侦察员！

1.3.1.2　成功记账的三要素

成功记账有以下三要素：及时、准确和坚持。

▶记账妙在及时。及时记账就是要求青年朋友保证记账的及时性，即应该在收入和消费发生后尽快进行记录。

▶记账精于准确。准确是记账的一大要素，试想一旦账目有误差，不仅失去了记账的意义，还为自己的财务管理之路徒添困扰，毫无价值可言。

▶记账贵在坚持。俗话说"只要工夫深，铁杵磨成针"，意思是说每个人做事贵在坚持。在记账的时候，更应该如此，如果记账出现断断续续的情况，对财务管理将毫无帮助。

1.3.1.3　四步铸就准确账目

（1）正确规定记账方向，即准确记录"收入"和"支出"，注意不要将这两个基本项目搞反。

（2）准确记录金额。这是记账的基础，在记账的时候，最好精确到"元"。

（3）准确记录日期。在计算理财效果的时候，有的人以一个月为周期，有的人以三个月为周期，确定周期的基础是准确记录日期。

（4）正确划分收支科目。每本账本承担的是一个人的整体账目，所以在记账的时候一定要正确划分收支的科目，以便日后进行统计和分析。

1.3.1.4 记账小技巧

下面推荐几个记账的小技巧，希望可以帮助青年朋友找到理性分析资金收支的线索，客观审视自己的财务状况。

（1）两栏法——收支法。财务规划专家会从两个方面来研究每个人的财务问题：一是收入，即每月的生活费从何而来，数目多少；二是支出，即每笔钱向何而去，花在了哪里。在记账的时候，完全可以借鉴这种理念，每日清楚地记录钱的来源和去处。

收入	支出
·工资 ·奖金 ·其他收入	·房租（或月供） ·电话费（网费） ·交通费 ·购物 ·应酬

两栏法意在把记账表分为两类，一类为收入，一类为支出。这种记账的目的在于，通过合理规划，让收入栏里的钱逐渐多起来，让支出栏里的钱逐渐少下来。这样慢慢地就会有更多的余钱用于储蓄和投资。

（2）多栏法。如果认为只设置收支两项，还不足以清晰地记录账目，还可以细分收入、支出这两项，例如在"支出"项下细分衣、食、住、行、通信、日常用品、娱乐及其他类别，当然每个人的分类应视自己的需求而定。

下表就是将支出细分为衣、食、住、行和娱乐五个栏目的多栏式记账表示例，这样记账能有效地监控资金的流向。

记账表

收入	支出				
	衣	食	住	行	娱乐

当然记账的窍门还有很多，青年朋友可以根据自己的具体情况，摸索适合自己的方法。但是请记住：无论使用何种记账方法，都应以合理支出、适度消费为目的。

1.3.2　量入为出

俗话说，富人不会管理财务，变成穷人只是时间问题；穷人学会管理财务，未来一定会变成富人。不过，不管是"富人"，还是"穷人"，如果不能一开始就养成"量入为出"的习惯，再好的财务管理形式都将成为无用功。

▶拒当购物狂。很多人都喜欢逛商场，但如果购物欲望太强烈，可能会养成"难以割舍"的购物习惯。这种"癖好"严重违背了财务管理所倡导的量入为出原则。要知道，少花一元钱就相当于多挣了一元钱，而少花比多挣容易得多。

▶养成有计划消费的习惯。改掉没有计划乱花钱的坏习惯，对自己的每一笔开销都作出规划，并及时记录支出，这也有助于积累财富。

▶避免过度刷卡消费。信用卡的确可以满足很多人提前消费的需求，虽然刷卡的时候感觉没有花自己当下的钱，殊不知这笔钱迟早是要还的。

1.3.3　分散风险

市场的投资渠道越来越丰富，可是不少青年朋友仍习惯于单一的投资渠道，把所有的资金都集中投资于一种产品。把所有的鸡蛋都放在一个篮子里的坏处就在于没有分散风险的机制和可能，当单个投资产品出现较大变化时，缺乏有效的风险规避手段。

虽然分散投资有助于规避风险，但在投资时也不要过于分散，否则会因为自己的精力有限而造成亏损。以股票为例，买几十只股票，看上去是在分散风险，避免一损俱损，但作为普通个人而非专业的投资团队，很可能没有足够的精力去关注这么多股票，容易出现难以管理的局面。

▶以下是一些分散风险的小窍门，与青年朋友分享

即将要花掉的钱，放在储蓄账户；

暂时不用的钱，放在国债、定投账户；

长期不用的钱，放进投资、理财账户；

将来一定要用的钱，放进保险账户。

◤ **小贴士** ｜ **勿忘提升自我**

在阅读了上述内容后，相信青年朋友已对如何进行财务管理有了一定的认识，但别忘了，每个人也需要自我管理！

"钱装进口袋不如装进脑袋。"知识就是财富，年轻时积累财富的途径之一就是提升自我价值，为知识投资是非常有益的，要看长远的收益而不只是一时付出。

工作很重要，但也不要忽视了生活。找到工作与生活的平衡点，不要一味地把重心放在工作上。健康富足的家庭和个人生活，是每个人工作动力的源泉。你甚至可能会在工作以外的活动中，找到工作上的灵感。

1.3.4　适度负债

"无债一身轻"似乎一直被认为是财务管理的最高境界。一个人或一个家庭能够量入为出、结余颇丰固然不错，但零负债也并非最理想的财务状态，适度负债或许会让你有意想不到的收获。

债务不是魔鬼，掌握合理的负债原则，既能帮助自己远离债务危机，也能变债务为资产。当然，合理的负债也要恪守量入为出的原则，千万不能盲目举债，甚至靠借债度日，最好能编制个人或家庭短期、中期及远期的大额支出预算，合理控制支出。在申请各类贷款之前，要衡量一下自己的还款能力，看看是否能够承受。

一般情况下，个人或家庭每月应偿还的负债总额应控制在家庭月收入的40%以下，超过的话，偿还压力会较大。30岁至45岁时收入稳定上升，可承受的负债压力相对较大，负债比例可以适当上浮。30岁前和45岁之后承受力较弱，比例宜严格控制在40%以下。此外，职业稳定性、身体健康程度、有无子女抚养与老人赡养需求都决定了合理负债比例的大小。

1.3.5　财务管理能力进阶篇——学用财务管理指标

如何科学判断自己目前的经济状况呢？以下四个财务指标供青年朋友参考：

▶资产负债比率，是指个人负债总额与个人资产总额的比值，即资产负债比率=负债总额/资产总额。这是衡量个人财务状况良好与否的重要指标。建议将资产负债比率的数值控制在0.4以下，以防范流动资金不足导致的财务问题。

▶负债收入比率，是指到期需支付的债务本息与同期收入的比值，即负债收入比率=每年偿债额/税前年收入。它衡量了一定时期内财务状况是否良好。一般负债收入比率的数值控制在0.5以下较为安全。如果比值过高，可能会在进行借款融资时出现一定的困难。

▶流动性比率。流动性比率=流动性资产/每月支出。该比率反映了个人或家庭短期支出能力的强弱。一般来说，个人或家庭的流动性资产由现金、现金等价物、银行存款及货币市场基金构成。流动性资产应该能够满足个人或家庭三个月至六个月的日常开支。流动性比率的数值并不是越大越好，因为流动性资产的收益通常不高，如果数值过大会影响资产进一步升值的潜力。

▶投资与净资产比率，是指个人投资资产与净资产的比值，即投资与净资产比率=投资资产/净资产。它反映了通过自身投资提高净资产的能力。如前所述，净资产等于总资产减去总负债。投资与净资产比率的数值保持在0.5左右比较合适。

有一则寓言故事说：一头驴听说蝉唱歌好听，便头脑发热，要向蝉学习唱歌。蝉对驴说："要学唱歌可以，但是你必须每天像我一样以露水充饥。"驴听了蝉的话，每天以露水充饥，没过几天就饿死了。这则寓言告诉我们这样一个道理：不要不假思索地模仿不适合自己的行为。同样，这个道理也适用于每一个有着财务管理热情的青年朋友。通过分析，想必你已经对自身的财务状况有了一定的了解，知道怎样的做法对自己更有利。那么不妨更加积极主动一些，去优化自己的财务现状，通过合理使用金融产品和服务，把自己的财务管理纳入合理的轨道吧。

1.4 选用适合的金融产品和服务

1.4.1 大学时代——贷款助你圆梦

教育问题越来越成为家庭事务中的重头戏。青年朋友可以通过适当的金融产品和服务调节自己的财务状况，圆大学梦。

经济相对困难的家庭可以申请国家助学贷款支付学费、住宿费和生活费，毕业工作后再分期偿还贷款。国家助学贷款由政府承担部分财政贴息，一般不需要担保和抵押，家长和学生为共同借款人，共同承担还款责任。由于助学贷款还款期限较长，青年朋友应做好财务安排，牢记还款时间，按时足额还款，以免产生逾期影响个人信用记录。

计划出国留学而没有申请到奖学金的青年朋友可以申请出国留学贷款。与国家助学贷款不同，出国留学贷款是商业贷款，贷款额度、期限和利率由市场情况决定，青年朋友应根据自己的财务状况科学选择合适的贷款产品和服务。

另外，制订月度花销计划，避免盲目开支，管理好钱袋子，也是大学生们的基本功之一。

1.4.2　职场新人——记账+强制储蓄

年轻人稍不注意就会成为"月光族"——只有花钱而没有攒钱的习惯，每到月底，钱就花光。该如何摆脱"月光"？没有攒钱习惯的"月光族"该如何管理财务？记账、定期存款、基金定投等都可以作为有效的财务管理约束。这样日积月累，三年五载后，"聚沙成塔"的效果会让"月光族"吃惊不已。

> **《《例3　"聚沙成塔"**
>
> 小王刚刚大学本科毕业，目前在上海一家企业做业务员，职业正在起步阶段，每月收入4500元，年底还有6000元奖金，公司缴纳基本社保。生活开支方面：每月2000元的日常生活开销，社交、宴请等非固定开支1500元。

小王通过"记账+强制储蓄"的方法实现了自己的财务目标,具体做法如下。

（1）记录收支

小王的简单个人收支统计表如下：

个人收支统计表

单位：元

个人收入			个人支出		
项目	月收入	年收入	项目	月支出	年支出
工资	4500	54000	日常生活	2000	24000
奖金	—	6000	旅游支出	—	—
			保险费	—	—
			其他	1500	18000
总计		60000	支出合计		42000
			年结余		18000

（2）设立目标

小王首先应该确定自己最基本的财务目标,比如三年内攒6万元、五年内买车等。有了目标,个人财务管理方向才明确,生活才有动力。

另外,小王每月收入4500元,固定支出2000元,其他方面支出1500元,每月只有1000元结余,目前的收入只能说"凑合"。为此,小王应注意,平时要控制不必要的支出,做到不该花的钱不花。

（3）采取行动

培养记账的习惯

记账可以使人更加清楚自己的收支状况,并有利于控制消费。但是请注意,相对于记账,分析更为重要。建议每逢月底,都把个人账本拿出来做一次整体分析,看看哪些是不必要的消费,以后注意避免。

强制储蓄

小王每月1000元的结余以及平时节省下来的钱,可以进行强制储蓄,存为零存整取。工资放银行若不打理，就会失去很多收益。零存整取一年期利率为2.85%，如每月投入1000元，加上年底6000元的奖金，一年就能存下近2万元。长期坚持，五年可结余9万多元。

不断学习

刚毕业的大学生处于财富积累初期，除了重视和学习财务管理知识外，还要重视个人修养、职业技能、人际交往等方面的学习，提高各方面的能力，为自己未来的事业和家庭打好基础！

1.4.3 创业初期——多管齐下寻路

任何创业都是有成本的，就算是最少的启动资金，也要包含一些最基本的开支，如产品订金、店面租金等，更不用说大一些的商业项目了。因此，对创业者来说，能否快速、高效地筹集到资金，对于创业成功至关重要。创业融资要多管齐下，例如：

▶**大学生创业贷款** 为支持大学生创业，各级政府出台了许多优惠政策，涉及融资、开业、税收、创业培训、创业指导等诸多方面，大学生创业贷款就是优惠措施之一。符合条件的借款人，根据个人的资源状况和偿还能力，最高可获得单笔50万元的贷款（各地不同）。创业贷款的期限一般为一年，最长不超过三年。对创业达到一定规模的，还可提出更高额度的贷款申请。

▶**银行贷款** 银行贷款被誉为创业融资的"蓄水池"，在创业者中很有"群众基础"。申请银行贷款还需提交工商管理、税务等部门出具的证明材料，要做好充分准备。

▶**风险投资** 风险投资公司以参股的形式进入创业企业，为降低风险，在实现增值目的后会退出投资，而不会永远与创业企业捆绑在一起。风险投资虽然关心创业者手中的技术，但更关注创业企业的盈利模式和创业者本人。因此，学会撰写创业企划书，清晰地表达观点、说服投资人等是基本功之一。

1.4.4　新婚夫妻——家庭理财起步

新家庭的建立，意味着两人多了一份责任，将共同建设家庭、抚养孩子、赡养老人等，而这一切都需要建立在一定的经济基础之上，所以家庭财富的积累对于每对新婚夫妻来说都很重要。以下是一些适合大多数新婚家庭使用的财务规划，可作参考。

第一步，整理家庭财产

一个家庭的财务规划不仅涉及个人，还包括家庭现金规划、孩子教育金规划、父母赡养规划、养老规划、家庭保障计划等。在制定家庭财务规划前，先要对家的财产进行整理，清楚家中有多少资产和负债，做到心中有底，并达成对风险承受能力的共识，然后再根据实际情况制定规划。

第二步，三分法管好家庭资金

一是应急的钱。一般是三个月至六个月的家庭生活开支，可以选择银行储蓄或者货币市场基金。

二是储备的钱。三年至五年的生活费，可以选择定期存款、国债、固定收益类理财产品等方式。

三是闲置的钱。五年至十年不用的钱，可以投资基金、股票等产品。

第三步，储备教育费用

教育经费具有时间长、费用大、弹性小的特点，因此新婚家庭可以提前开始储备，每年存入一笔固定资金，待孩子上学时，就会有一笔相当可观的教育经费。

第四步，保险防范风险

虽然新婚夫妻都很年轻，但一些风险是切实存在的，一旦发生，不仅会严重影响家庭心理状态，而且会对家庭的财务状况造成一定的冲击。为此，建议年轻家庭适当投保，以纯保障类的保险为主，以意外险、重大疾病险为辅，既对家庭负责，也为养老做准备。

俗话说，凡事预则立，不预则废，新婚夫妻应提早制定财务规划，并坚持不懈地执行，以实现家庭各阶段的财务目标。

2　善用银行业产品

上一章我们从财务管理的理念入手，与青年朋友一起制定个人财务规划，培养良好的财务管理习惯，提升财务管理能力。本章我们将向青年朋友介绍我国银行业现状，并与青年朋友分享常用的银行业金融产品和服务，逐步实现财务管理目标。

2.1　了解我国银行业

银行业金融机构是我国金融市场的主体。截至2013年年底，我国银行业共有法人机构3949家，从业人员355万人。银行业金融机构包括2家政策性银行及国家开发银行、5家大型商业银行、12家股份制商业银行、145家城市商业银行、468家农村商业银行、122家农村合作银行、1803家农村信用社、1家邮政储蓄银行、4家金融资产管理公司、42家外资法人金融机构、1家中德住房储蓄银行、68家信托公司、176家企业集团财务公司、23家金融租赁公司、5家货币经纪公司、17家汽车金融公司、4家消费金融公司、987家村镇银行、14家贷款公司以及49家农村资金互助社。

银行与我们的生活息息相关。银行的名称有什么样的含义，是不是可以通过银行的名称来探究银行之间的区别呢？现在消费者可以在各家银行办理绝大多数业务，只是在部分银行名称中，还有一些历史的沉淀和内涵。如中国工商银行起初主要为工商企业提供金融服务，中国农业银行主要服务于农业开发和建设，中国银行以涉外信贷为主，中国建设银行以基本建设投资为主要业务，交通银行则主要服务于道路建设。随着中国银行业的商业化进程以及股改上市，这些历史痕迹逐渐淡化，各银行间的业务互相交叉，逐步演变成为综合性的银行，只是在某些业务上可能还存在一些特长和优势。

根据《中华人民共和国银行业监督管理法》授权，中国银行业监督管理委员会（以下简称银监会）负责对全国银行业金融机构及其业务活动实施监督管理。银监会的法定目标是：促进银行业的合法、稳健运行，维护公众对银行业的信心。同时应当保护银行业公平竞争，提高银行业竞争能力。

银监会的监管目标是：通过审慎有效的监管，保护存款人和其他消费者的合法权益；通过审慎有效的监管，维护公众对银行业的信心；通过宣传教育和信息披露，增进公众对现代银行业金融产品、服务的了解和相应风险的识别；努力减少银行业金融犯罪，维护金融稳定。

银监会的监管理念是：管法人、管风险、管内控、提高透明度。良好的监管标准包括：促进金融稳定和金融创新共同发展；努力提升我国银行业在国际金融服务中的竞争力；各类监管设限科学、合理，有所为，有所不为，减少一切不必要的限制；鼓励公平竞争，反对无序竞争；对监管者和被监管者实施严格、明确的问责制；高效、节约地使用一切监管资源。

除银监会监督管理以外，银行业金融机构还应遵从中国人民银行、国家发展和改革委员会（以下简称国家发展改革委）等政府部门的相关规定。

2.2 了解银行产品和服务的收费定价

在使用金融产品、享受金融服务前，有必要清楚了解银行产品和服务的收费定价机制。

2.2.1 银行服务的定价分类

根据服务的性质、特点和市场竞争状况，银行服务价格分别实行政府指导价、政府定价和市场调节价。

（1）政府指导价、政府定价。对消费者普遍使用、与国民经济发展和人民生活关系重大的银行基础服务（如部分转账汇款、现金汇款、取现和票据等）实行政府指导价或政府定价，由国务院价格主管部门会同银行业监督管理部门，根据银行服务成本、服务价格对个人或企事业单位的影响程度、市场竞争状况，进行制定和调整。如2014年国家发展改革委、银监会联合下发了《关于印发商业银行服务政府指导价政府定价目录的通知》（发改价格〔2014〕268号），明确了银行相关服务的政府指导价、政府定价。

（2）除实行政府指导价、政府定价的服务价格以外，银行服务价格实行市场调节价，由银行总行根据服务成本、市场供需关系等因素制定和调整，并严格按照《商业银行服务价格管理办法》（银监会、发改委令〔2014〕1号）的规定统一进行公示，各分支机构执行其总行的标准和要求，如小额账户管理费、信用卡年费等。

2.2.2 银行提供的免费服务

根据《关于银行业金融机构免除部分服务收费的通知》（银监发〔2011〕22号）、《关于印发商业银行服务政府指导价政府定价目录的通知》（发改价格〔2014〕268号）的相关规定，部分银行业务免收服务费。

（1）自2011年7月1日起免除的人民币个人账户服务收费包括：

● 本行个人储蓄账户的开户手续费和销户手续费；

● 本行个人银行结算账户的开户手续费和销户手续费；

● 同城本行存款、取款和转账手续费（贷记卡账户除外）；

● "同城"范围不应小于地级市行政区划，同一直辖市、省会城市、计划单列市列入同城范畴；

● 密码修改手续费和密码重置手续费；

● 通过本行柜台、自助设备、电子银行等提供的境内本行查询服务收费；

● 存折开户工本费、存折销户工本费、存折更换工本费；

● 已签约开立的代发工资账户、退休金账户、低保账户、医保账户、失业保险账户、住房公积金账户的年费和账户管理费（含小额账户管理费）；

● 向救灾专用账户捐款的跨行转账手续费、电子汇划费、邮费和电报费；

● 以电子方式提供12个月内（含）本行对账单的收费；

● 以纸质方式提供本行当月对账单的收费（至少每月一次），部分金融消费者单独定制的特定对账单除外；

● 以纸质方式提供12个月内（含）本行对账单的收费（至少每年一次），部分金融消费者单独定制的特定对账单除外。

（2）自2014年8月1日起免除的服务收费包括：

● 银行免收社会保险经办机构和本行签约开立的个人基本养老金（含退休金）账户，每月前2笔且每笔不超过2500元（含2500元）的本行异地（含本行柜台和自助设备）取现手续费；

● 对于银行客户账户（不含信用卡）中没有享受免收账户管理费（含小额账户管理费）和年费的，银行应根据客户申请，为其提供一个免收账户管理费（含小额账户管理费）和年费的账户（不含信用卡、贵宾账户）。

2.2.3　银行服务价格的信息披露

为了保护消费者的知情权，银行应按照法律法规和监管要求，对产品和

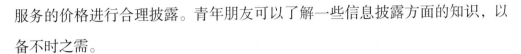

服务的价格进行合理披露。青年朋友可以了解一些信息披露方面的知识，以备不时之需。

（1）银行应披露的内容

实行政府指导价、政府定价和市场调节价的服务项目、服务内容、服务价格、适用对象，政府指导价或政府定价的文件文号、生效日期、咨询（投诉）的联系方式；各分支机构同城业务覆盖的区域范围；优惠措施的生效和终止日期；等等。

（2）信息披露的途径

在营业场所、网站主页醒目位置提供相关服务价格目录或说明手册等，供消费者免费查阅；对于需签合同的服务，应在合同中以通俗易懂、清晰醒目的方式明示服务价格信息；提高或设立新的实行市场调节价的服务价格，应当至少于实行前3个月公示，必要时应当采用书面、电话、短信、电子邮件、合同约定的其他形式等多种方式通知相关消费者。

（3）信息披露的特别规定

● 电子银行等自助渠道提供服务，也应在收取费用之前提示消费者关注相关服务价格，保障消费者对相关服务的选择权；

● 银行应提醒消费者提供真实有效的联系信息并在相关信息变更后及时通知银行，以便银行调整服务价格时按照合同约定方式及时告知消费者；

● 银行接受其他单位委托开展代理业务收费时，应当将委托方名称、服务项目、收费金额、咨询（投诉）的联系方式等信息告知消费者，并在提供给消费者的确认单据中明确标注上述信息。

2.3 个人贷款业务

在青年阶段，生活消费成本开始急速上升，买房、买车、家居装修、日常购物等方方面面甚至每时每刻都需要花钱。然而，刚工作时的工资比较少，而且工资一个月通常只发一次，青年朋友经常会遇到收入与支出在一定程度上的错配。这时，可以向银行申请贷款，再用以后的收入去偿还，这就是"花明天的钱圆今天的梦"的现代观念。从表面上看，这体现了社会公众财务观念的更新、进步；更深层次上，则体现了社会公众对未来社会进步、经济发展所保有的良好预期和信心。

然而，申请个人贷款就是向银行借钱，青年朋友应审慎地选择并量力而为，切忌不顾自身还款能力盲目借款消费，同时，也要清楚地了解贷款业务规则，避免承担不必要的成本。

2.3.1　什么是个人贷款

个人贷款是指银行向符合贷款条件的自然人发放的用于个人消费、生产经营等用途的本、外币贷款。其中，借款人的基本条件是具有完全民事行为能力的中国公民或符合条件的境外自然人；贷款用途明确合法；信用状况良好，无重大不良信用记录；具备还款意愿和还款能力。在此基础上，银行会根据不同类型贷款的特点对借款人提出差异性要求。

2.3.2　个人贷款的常见种类

个人贷款有多种不同的分类方式，本部分根据贷款的用途，介绍几种常见的个人贷款品种。

个人住房贷款

个人住房贷款是指银行向借款人发放的用于购买自用普通住房的贷款，按照贷款资金来源划分，一般可分为自营性个人住房贷款、公积金个人住房贷款和个人住房组合贷款。按照住房交易形态划分，个人住房贷款也可以分为新建房个人住房贷款、个人再交易住房贷款和个人住房转让贷款。

个人住房贷款是一项政策性较强的业务，容易受到国家宏观调控政策的影响，贷款条件、首付款比例、贷款利率等关键要素会因政策的变化而变化，借款人在申请购房贷款时，应事先咨询当地银行和公积金管理中心。

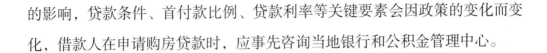

专栏 | 住房公积金最高贷款额度是如何确定的

一、贷款额度不超过借款期限内借款人家庭还贷能力

贷款额度=借款人及其配偶月工资总额之和×职工个人还贷能力系数×12（月）×贷款年限。其中，月工资总额=个人账户上住房公积金月缴额÷（单位缴存率＋个人缴存率）；职工个人还贷能力系数按不同贷款期限确定，1～10年为35%，11～30年为40%。

例如：借款人的住房公积金账户上每月缴存的住房公积金为160元，个人和单位缴存率均为8%，其配偶住房公积金账户上每月缴存的住房公积金为286元，个人和单位缴存率均为13%，则借款人月工资额为160÷（8%＋8%）＝1000元，其配偶月工资额为286÷（13%＋13%）＝1100元。

二、贷款额度不超过房价的一定比例

购买商品房、合作建房、经济适用住房（安居房）和自建住房的，贷款额度不超过房价或建房造价的70%；

现住公房、危改还迁房和大修自有住房的，贷款额度不超过房价或修房费用的50%；

购买私产房的贷款额度不超过房屋评估价值和交易价格的70%；

置换公有住房贷款的额度不超过置换企业评定的公有住房置换补偿费的50%，同时购买公有住房产权的，贷款额度不超过评定的公有住房置换补偿费和公房出售价格总额的50%。

三、贷款额度不超过住房公积金缴存余额的一定倍数

贷款额度不超过借款人夫妻双方缴存住房公积金余额的15倍。

四、贷款额度不超过当地房改领导小组确定的贷款最高限额

最高限额及借款人夫妻双方缴存住房公积金余额的倍数，由当地省市城镇住房制度改革领导小组根据实际情况调整。

个人消费贷款

个人消费贷款是指银行向借款人发放的用于购买个人或家庭所需的产品或服务的贷款，主要包括：

个人汽车贷款，指对购买汽车的借款人发放的人民币贷款，所购买的汽车不包括经营用车、工程车等。

个人留学贷款，指向借款人发放的用于支持受教育人在留学期间支付学杂费和生活费，或用于满足借款人在申请出国留学过程中所需保证金的人民币贷款。

个人综合消费贷款，指向借款人发放的，用于住房装修、旅游、购买大额耐用消费品及其他生活消费用途的贷款。

国家助学贷款

国家助学贷款指银行向已签署合作协议的中华人民共和国境内（不含香港特别行政区、澳门特别行政区和台湾地区）高等院校中的经济困难学生发放的，用于支付学杂费和生活费的人民币贷款。国家助学贷款按用途分为学杂费贷款和生活费贷款。学杂费贷款用于借款人向所在学校支付学费及其他杂费，生活费贷款用于借款人日常生活费用的开支。

专栏 | 申请个人贷款的新途径

随着现在各类非银行业金融机构的增多，青年朋友想申请个人贷款用于购车、装修、教育或其他各类消费用途，不只是通过银行才能实现。汽车金

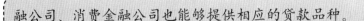

融公司、消费金融公司也能够提供相应的贷款品种。

汽车金融公司贷款

在海外，通过汽车金融公司贷款购车是最为普遍的汽车贷款方式。目前国内也有多家汽车金融公司可以提供购车贷款服务，例如上汽通用、创富、大众、福特、丰田、戴克和北京现代等公司，各公司所提供的金融产品既有共性又各有特色，分别适用于不同的车型。

消费金融公司贷款

目前，消费金融公司主要为居民个人提供以消费为目的的贷款，比如购买家用电器、电子产品等耐用消费品，以及用于个人及家庭旅游、婚庆、教育、装修等消费事项，但不包括房贷和车贷。

通常情况下，在汽车金融公司和消费金融公司申请贷款，具有门槛低、审批灵活、速度快等特点，是青年朋友申请个人贷款的又一新途径。

2.3.3　个人贷款的利率形式

▶**个人贷款的利率形式主要有以下几种**

▶浮动贷款利率，指在整个借款期内随中国人民银行公布的基准利率变动而调整的贷款利率，调整时间和浮动比例，由借贷双方在借款时议定。当基准利率上升时，借款人每月的还款金额和还款总额将会增加，还款压力增大；反之，借款人还款压力减小。

▶固定贷款利率，指在贷款合同签订时即设定好固定的利率，不论贷款期内基准利率如何变动，借款人都按照固定的利率支付利息。采用固定贷款利率还款，在基准利率上升时比较有利，但在基准利率下降时就不划算了。

▶混合利率，指在贷款开始的一段期间内（利率固定期）利率保持固定不变，此后利率执行方式转化为浮动利率。

▶住房公积金贷款利率，较商业贷款利率低，因为住房公积金贷款属于国家政策性贷款。

↖ 小贴士 ｜ 基准利率

基准利率是具有普遍参照作用的利率，其他利率水平或金融资产价格均可根据这一基准利率水平来确定。一般来讲，基准利率包括存款基准利率和贷款基准利率。在我国，以中国人民银行对商业银行和其他金融机构规定的存贷款利率为基准利率。

2.3.4 个人贷款的费用

▶**借款人在办理个人贷款过程中可能需要承担的费用包括**

▶担保费用，是指担保公司提供担保保证时向借款人收取的费用，具体金额主要根据借款人的信用状况、贷款金额大小等情况确定。

▶抵押评估费，是指评估机构对抵押物的价值进行评估而向评估委托人收取的费用。此项费用主要根据贷款金额或评估金额、评估的难易程度等情况收取。

▶保险费，是指在贷款过程中，由借贷双方商定，对抵押物购买财产险或对借款人购买人身意外伤害险而产生的保险费用，由保险公司向借款人收取。保险费率因保险公司不同、保险品种不同、贷款风险不同而不同，具体根据与银行签约的保险公司出具的标准而定。一般而言，贷款金额越大，保险费率越低。

▶公证费，是指对法律关系较为复杂或为事后便于处置抵押物而办理的贷款公证事宜所收取的费用，由公证处向借款人收取。

▶抵押登记费，住房登记收费标准为每件80元；非住房房屋登记收费标准为每件550元，且由当事人双方共同申请的，只能向登记为房屋权利人的一方收取。

▶印花税，借款合同印花税按贷款金额的万分之零点五收取。

▶违约产生的其他费用，是指借款人出现贷款违约时，有关律师费、诉讼费、赔偿金等银行实现债权所产生的费用。

2.3.5　个人贷款的还款方式

银行为满足不同借款人不同收入情况的需要，推出不同的还款方式：有的还款方式归还本金的速度比较快，有的比较慢。采用不同的还款方式还会导致最终归还的总利息不同。但我们知道，各种还款方式都是根据借款人剩余本金的多少计算利息的——前期归还的贷款本金少，最终还的总利息就多。所以，还款方式的选择没有最省钱，只有更适合。目前，个人贷款常用的还款方式主要是等额本金还款法和等额本息还款法。

▶等额本金还款法，每期偿还本金数额相同，利息逐月递减，月还款金额递减。

▶等额本息还款法，每期偿还本金数额逐月递增，利息逐月递减，月还款金额不变。

举例来看等额本息还款法和等额本金还款法的不同：以购买首套房、贷款期限20年、贷款金额100万元为例，假设贷款年利率是4.5%。如果采取等额本金还款法，在还款的前9年还款金额都高于等额本息还款法，详见表2-1；而采用等额本金还款法节省的资金主要在还款末期，详见表2-2。

表2-1　等额本金还款法与等额本息还款法年度还款额比较及差值（1）

单位：元

年数	等额本金年还款额	等额本息年还款额	多还的金额 （等额本金-等额本息）
第1年	93968.76	75917.88	18050.88
第2年	91718.76	75917.88	15800.88
第3年	89468.76	75917.88	13550.88
第4年	87218.76	75917.88	11300.88
第5年	84968.76	75917.88	9050.88
第6年	82718.76	75917.88	6800.88
第7年	80468.76	75917.88	4550.88
第8年	78218.76	75917.88	2300.88
第9年	75968.76	75917.88	50.88
累计还款额	764718.84	683260.92	81457.92

表2-2　等额本金还款法与等额本息还款法年度还款额比较及差值（2）

单位：元

年数	等额本金年还款额	等额本息年还款额	剩下的金额 （等额本息-等额本金）
第10年	73718.76	75917.88	2199.12
第11年	71468.76	75917.88	4449.12
第12年	69218.76	75917.88	6699.12
第13年	66968.76	75917.88	8949.12
第14年	64718.76	75917.88	11199.12
第15年	62468.76	75917.88	13449.12
第16年	60218.76	75917.88	15699.12
第17年	57968.76	75917.88	17949.12
第18年	55718.76	75917.88	20199.12
第19年	53468.76	75917.88	22449.12
第20年	51218.76	75917.88	24699.12
累计还款额	687156.36	835096.68	147940.32

根据表2-1，我们可以发现，在前9年中，等额本金还款法比等额本息还款法多还金额累计达81457.92元。观察表2-2，在后面的11年中，等额本金还款法比等额本息还款法少还147940.32元。如果将两种方法节省的金额进行投

资理财，会有什么结果呢?

假设资金的投资期限到期日为贷款还清日，即第一年省下来的资金有19年的投资期限，第二年省下来的资金有18年，依此类推。详见表2-3、表2-4。

表2-3　等额本金还款法节省资金投资收益情况（1）

单位：元

投资金额	投资年限	年收益率	期末累计值（年复利）
2199.12	10	4.5%	3415.16
4449.12	9	4.5%	6611.81
6699.12	8	4.5%	9526.82
8949.12	7	4.5%	12178.51
11199.12	6	4.5%	14584.16
13449.12	5	4.5%	16760.05
15699.12	4	4.5%	18721.49
17949.12	3	4.5%	20482.92
20199.12	2	4.5%	22057.94
22449.12	1	4.5%	23459.33
24699.12	0	4.5%	24699.12
投资收益总额			24557.11

表2-4　等额本息还款法节省资金投资收益情况（2）

单位：元

投资金额	投资年限	年收益率	期末累计值（年复利）
18050.88	19	4.5%	41658.90
15800.88	18	4.5%	34895.90
13550.88	17	4.5%	28638.11
11300.88	16	4.5%	22854.56
9050.88	15	4.5%	17516.00
6800.88	14	4.5%	12594.85
4550.88	13	4.5%	8065.05
2300.88	12	4.5%	3902.01
50.88	11	4.5%	82.57
投资收益总额			88750.00

通过表2-3、表2-4可以发现，在设定投资预期年化收益率为4.5%（即等于贷款利率）的情况下，等额本息法节省资金的投资收益总额远高于等额本金法节省资金的投资收益总额。不过，等额本金法本身比等额本息还款法节省利息66482.40元，则有66482.40+24557.11=91040.51元，比等额本息法节省资金的投资收益总额88750元还高出约2290.51元。

根据测算，如果投资预期年化收益率能超过5%，则等额本息还款法明显优于等额本金还款法。

▶这种差异产生的原因主要有两点

一是等额本息还款法节省的资金在还款初期，资金投资期限都是由大到小递减，余额越大的投资期限越长，因此累计收益较高；而等额本金还款法节省的资金主要在还款末期，越接近还款末期余额越大，即余额越大的资金投资期限越短，因此虽然本金大，但累计收益偏低。

二是投资收益率对结果影响很大。由上可知，两种还款方法的平衡点略高于4.5%，当投资收益率超过平衡点以后，等额本息还款法的收益优势更加明显。反之，如果预期投资收益率低于平衡点，则等额本金还款法具有一定优势。

如前所述，等额本金还款法和等额本息还款法各有优势，具体如何选择应根据个人的需求来定。同时也请切记高投资收益伴随着高投资风险。

此外，个人贷款还有等额递增还款法、等额递减还款法、按期付息还本法等。

▶等额递增还款法，指在贷款期的后一时间段内每期还款额相对前一时间段内每期还款额有一个固定增加额，但同一时间段内，每期还款额相等的还款方法。例如，贷款总共120个月，如果前60个月每月归还本金5000元，后60个月每月归还7000元，就属于等额递增还款法。与之相反的是等额递减还款法，即在贷款期的后一时间段内每期还款额相对前一时间段内每期还款额有一个固定减少额，但同一时间段内，每期还款额相等的还款方法。

总体来讲，等额递增方式适合目前还款能力较弱，但是已经预期到未来收入会逐步增加的人群；相反，如果预计未来收入将减少，或者目前经济较宽裕，可以选择等额递减还款法。

▶按期付息还本法，指借款人通过与银行协商，为贷款本金和利息归还制订不同还款时间，即协商决定按月、季或年等时间间隔还款。该还款方式适用于收入不稳定人群，如收入不稳定的投资人或个体经营工商业者。

2.3.6 使用个人贷款的注意事项

2.3.6.1 按照约定用途使用

借款人在使用个人贷款时，必须严格按照合同约定的用途使用；未按合同约定用途使用、支付贷款的，可能会被追究违约责任。

目前，银行在发放贷款时，会通过受托支付或自主支付的方式对贷款资金的用途进行管理与控制。受托支付是指银行根据借款人的提款申请和支付委托，将贷款资金支付给符合合同约定用途的借款人交易对象。自主支付是指银行根据借款人的提款申请将贷款资金直接发放至借款人账户，并由借款人自主支付给符合合同约定用途的借款人交易对象。其中，借款人无法事先确定具体交易对象且金额不超过30万元人民币，以及交易对象不具备条件有效使用非现金结算方式的，可以使用自主支付。

2.3.6.2 按照合同内容还款

借款人要严格按借款合同约定的还款金额、还款方式、还款日期，按时、足额偿还贷款本金、利息，否则将构成贷款逾期。如出现借款人未按借款合同约定期限偿还贷款，银行有权向其收取罚息；对借款期内产生应付未付利息和借款逾期后产生的应付未付利息，银行将依据合同约定追究借款人的相关责任。所以借款人要做到按时还款，一旦因逾期出现信用记录不良，将会影响未来贷款的申请，甚至被拒贷。

2.3.6.3　关注提前还款条款

各家银行借款合同中的提前还款条款差别较大，借款人应予以关注。如有的银行收取一个月至三个月的利息作为提前还款违约金，而有的银行不收取违约金。再如对于提前还款时间，部分银行可以随时提前还款，部分银行则要求必须在还贷一定时间后才能提前还款。

> **⬈ 三字经 ｜ 个人贷款小常识**
>
> 个人贷，种类多，十八岁，具资格；
>
> 贷多少，量力行，做计划，按时还；
>
> 明用途，选产品，备资料，研条款；
>
> 知政策，晓利率，履合约，守信誉。

2.4　信用卡业务

2.4.1　什么是信用卡

信用卡属于银行卡的一种，是由银行根据持卡人资信情况而给予持卡人一定的信用额度（银行提供贷款）的支付工具，可以用于透支消费、透支取现、转账或者向特约商户取得商品、服务等，并按照约定方式清偿账款的电子支付卡片。

简单地说，信用卡就是银行提供给持卡人的一种先消费后还款的小额信贷支付工具，是银行答应借钱给持卡人进行消费的凭证，即当购物需求超出了持卡人的支付能力或者持卡人不希望使用现金时，可以向银行借钱，若在规定的期限内按时足额还钱，则这种借钱不需要支付任何利息和手续费。另外，持卡人还可以在信用卡账户中没有存款的情况下，直接透支取出现金，但要从第二天起向银行支付利息。信用卡是目前流通最为广泛的支付卡种，其核心特征是循环信贷。

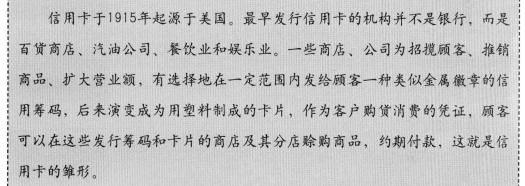

专栏 ｜ 信用卡的由来

信用卡于1915年起源于美国。最早发行信用卡的机构并不是银行，而是百货商店、汽油公司、餐饮业和娱乐业。一些商店、公司为招揽顾客、推销商品、扩大营业额，有选择地在一定范围内发给顾客一种类似金属徽章的信用筹码，后来演变成为用塑料制成的卡片，作为客户购货消费的凭证，顾客可以在这些发行筹码和卡片的商店及其分店赊购商品，约期付款，这就是信用卡的雏形。

多年后，美国商人弗兰克·麦克纳马拉在纽约一家饭店招待客人用餐，就餐后发现忘带钱包，不得不打电话叫妻子带现金来饭店结账，麦克纳马拉由此产生了创建信用卡公司的想法。1950年春，麦克纳马拉与他的好友施奈德合作投资一万美元，在纽约创立了"大莱俱乐部"（Diners Club），即大莱信用卡公司的前身。大莱俱乐部为会员们提供一种能够证明身份和支付能力的卡片，会员凭卡片可以记账消费。

2.4.2 信用卡的特点

▶可透支使用。不需要预存现金，先消费后还款，可按期全额还款

（享有免息期），或自主分期还款（有最低还款额，并可能产生利息和手续费）。

▶流通范围广。具有VISA或MASTERCARD等标识的双币信用卡，通过VISA、MASTERCARD跨行、跨国通用。近年来，银联卡的境外受理环境不断发展，越来越多的国家和地区可以受理贴有"银联"标识的信用卡。

▶有不同等级和额度。按照信用卡申请人的身份地位、经济实力、消费能力、信用状况等标准，可以申领不同等级的信用卡，对应不同信用额度，如普卡、金卡、白金卡等。

2.4.3 信用卡常见术语

信用卡中的专业术语较多，许多持卡人往往因为不理解而不能很好地使用手中的信用卡，出现超额使用、还款不及时等现象，导致其承担了不必要的利息费用。下面介绍一些常见的术语。

信用额度

指发卡银行根据持卡人提供的资信情况，在指定期限内，给予持卡人最高可以使用的金额。信用额度＝固定额度＋临时额度。

▲小贴士 │ 同一银行多张信用卡共享一个额度

在同一家银行办理多张同名信用卡，信用额度并不是几张信用卡额度的累加，而是共享一个额度。例如，持卡人在A银行共有两张信用卡，额度分别是10000元和20000元，则可用的总额度是20000元。

固定额度

固定额度是发卡银行依据申请人申请信用卡时所填写的资料和提供的相

关证明文件综合评分后核定的透支额度。银行会定期对固定额度进行调整，持卡人可以主动提供相关的财力证明要求调高固定额度。如果持卡人认为信用卡额度过高，担心被盗刷造成重大损失，或认为没有大额消费需求，也可申请将额度调低。

临时额度

当因出国旅游、乔迁新居等情况在一定时间内需要较高额度时，持卡人可向发卡银行申请临时调高额度。

▲ **小贴士** | **临时额度必须足额还款**

多数银行临时额度内的刷卡消费部分不同于信用卡固定额度内的刷卡消费部分，是不能够在还款时选择分期还款或最低额还款的，而必须按时足额还款。如果持卡人没有在还款期限内足额偿还临时额度消费金额，会被收取超限费，并影响信用记录。

透支取现额度

简称取现额度，是指发卡银行授予持卡人信用额度中可用于预借现金（或转账）的额度，通常为信用额度的30%~50%。预借现金是指持卡人使用信用卡通过柜台及自助设备透支提取现金的行为。虽然可以使用信用卡提取现金，但是建议在非紧急情况下尽量不要使用预借现金的功能，因为使用信用卡预借现金的成本很高，大部分银行将收取手续费和利息。

可用额度

指所持的信用卡还没有被使用的信用额度。可用额度会随着每次消费而减少，随每一期的还款而相应恢复。

> ◤ **小贴士** ｜ **可用额度的计算方法**
>
> 　　可用额度=发卡银行核定的信用额度+信用卡内溢缴款-尚未偿还的账单欠款-未入账但已发生的交易金额-其他相关利息、费用。其中，溢缴款是指持卡人为了增加用款额度或还款超出用款金额而形成的账户内存款；尚未偿还的账单欠款指已出账单，但尚未归还的刷卡交易金额；未入账但已发生的交易金额指已发生但尚未出账单的刷卡交易金额；其他相关利息、费用指取现或分期付款利息、年费、超限费、滞纳金等费用。

账单日与到期还款日

发卡银行在每月规定的日期对账户本月消费、取现、转账、利息、费用、还款等已入账的账务进行月结，该日期为月结日；银行凭月结数据向持卡人发出月结单，因此月结日即为账单日。账单要求在月结日后若干天内偿还银行垫付的全部或部分账款及有关利息和费用，还款期的最后一天即为到期还款日，也称最后还款日。

免息期

对于消费交易，账单日前的一个月（最长为31个自然日）内的交易+账单日后至到期还款日前（一般20~30个自然日）的期间为免息还款期。各银行免息还款期不完全一样，如果银行到期还款日确定为账单日后的第20天，即最长免息期为51天；如果银行到期还款日确定为账单日后的第25天，即最长免息期为56天。在到期还款日前还清全部欠款，发卡银行对于持卡人的消费交易欠款免收利息，但取现、转账交易不免息。**超过到期还款日不能全部偿还账单所列款项，则不再免息，以记账日按实计息。**

最低还款额、利息和滞纳金

最低还款额也称最小还款额，即发卡银行允许持卡人部分偿还的消费款项。持卡人在到期还款日（含）前偿还全部应付款项有困难的，可按发卡行规定的最低还款额进行还款。多数银行最低还款额的计算公式是：最低还款额=消费交易额的10%+取现本息的100%+利息费用的100%+超过信用额度的交易金额的100%+上期最低还款额未还足部分的100%。

按照最低还款额还款不会影响持卡人信用记录，但不能再享受银行的"免息"！即如果持卡人按照最低还款额还款，就需要为透支金额支付利息。多数银行自记账日起，按日利率万分之五对全部透支金额收取利息。

如持卡人还款金额小于最低还款额，则不足部分还需支付滞纳金。滞纳金的计算公式是：滞纳金=（最低还款额–还款金额）×5%。另外，持卡人的信用记录也会受到影响。持卡人要特别注意，尽量避免出现这种情况。

再次强调，还清最低还款额仅能避免支付滞纳金，但不能免除支付利息的义务。

◤ **小贴士** ｜ **信用卡还款容差容时服务**

2013年2月，中国银行业协会发布了修订后的《中国银行卡行业自律公约》，明确会员单位应提供"容差容时"服务。所谓"容差还款服务"，指如果持卡人当期发生不足额还款，且在到期还款日后账户中未清偿部分小于或等于一定金额（如等值人民币10元）时，应当视同持卡人全额还款，此部分未偿还金额自动转入下期账单。所谓"容时还款服务"，即为持卡人提供一定期限的还款宽限期服务，还款宽限期自到期还款日起至少3天；持卡人在还款宽限期内还款时，应当视同持卡人按时还款。

逾期周期

没有还足最低还款额的信用卡账户透支款项，发卡银行在当期月结时将其列入逾期应收账款。银行发出账单后首次月结前的透支款为M0，月结时逾期为M1（第一周期），再次月结时仍未还足最低还款额为M2（第二周期），依次类推。当第三次月结仍没还足最低还款额进入M3（第三周期）时，发卡银行冻结账户，此时可以还款，但本卡不能再用于消费、转账和取现。

需注意，进入逾期周期后，持卡人可能会收到银行的催缴电话、催缴信，被发卡银行冻结信用卡账户，欠款记录可能被反馈至中国人民银行个人征信系统，影响持卡人的个人信用记录，导致持卡人无法正常申请等，甚至影响到个人的正常生活。

年费

指使用信用卡时，持卡人按年缴纳的费用。不开通使用信用卡，通常不会收取年费（另有约定的除外）。

分期付款手续费

指持卡人使用银行提供的分期付款服务时，需向银行支付一定比例的服务费用。常见的一种计算方法为：假设分期付款总金额为1200元，分12个月还款，每月还款100元，手续费为0.6%/月（各银行收费比率略有不同），则每月实际应还款总额为100+1200×0.6%=107.2元。另外，**部分发卡银行规定，即使持卡人提前偿还分期付款债务，分期业务对应的手续费仍不予退还。**

2.4.4　使用信用卡的注意事项

2.4.4.1　通过正规渠道申领信用卡

申请人应通过发卡银行或经银行授权的正规营销机构办理申请手续，这些机构都不会额外收取办卡费用，也不会提供信用卡融资或套取现金的

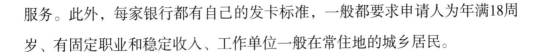

服务。此外，每家银行都有自己的发卡标准，一般都要求申请人为年满18周岁、有固定职业和稳定收入、工作单位一般在常住地的城乡居民。

▶ 法规链接

发卡银行应当对信用卡申请人开展资信调查，充分核实并完整记录申请人有效身份、财务状况、消费和信贷记录等信息，并确认申请人拥有固定工作、稳定的收入来源或可靠的还款保障。

发卡银行不得向未满十八周岁的客户核发信用卡（附属卡除外）。

——《商业银行信用卡业务监督管理办法》

《 例4 申领多张信用卡无力还款

张某在一家小公司工作，平时工资收入不高，但花钱一贯大手大脚，偶然他看到银行办理信用卡的宣传材料，便萌生了从银行申领信用卡维持高消费生活的想法。于是，张某利用公司同事开具了一份虚假的高额收入证明，从多家银行申请了信用卡，总额度近10万元。

张某的高额消费很快就使自己难以及时还上每个月的信用卡欠款，没过多久就被银行冻结了信用卡账户。最后，当公安机关以涉嫌信用卡诈骗找到张某时，他的信用卡已经累计欠款超过15万元。

特别提示：我国《刑法》第一百九十六条及相关司法解释规定，信用卡持卡人以非法占有为目的，超过规定限额或者规定期限透支，并且经发卡银行催收后仍不归还的行为，属于恶意透支行为，数额在5000元以上的，构成信用卡诈骗罪。

2.4.4.2 认真阅读领用合约并如实填写申请书

信用卡申请人须认真阅读领用合约的各项条款并亲自在领用合约上签名，这不仅表明申请人承诺所提供个人信息的真实性，同时也表明申请人已了解并同意了各项信用卡条款，签字具有法律效力。如果申请人在今后使用卡片过程中因不了解自己的义务而违背某项条款，将承担相应的法律责任。银行在受理申请时，会要求申请人抄写"本人已阅读全部申请材料，充分了解并清楚知晓该信用卡产品的相关信息，愿意遵守领用合同（协议）的各项规则。持卡人须如实填写申请资料和提供证明本人资信的相关材料"。

信用卡申请人应特别关注计息计费标准：如尚未开通的信用卡是否收取年费、未按时全额还款的计息规则、年费的金额和可免年费的刷卡次数、滞纳金、超限费、透支取现费的收取标准、使用外币刷卡消费的还款要求、临时额度是否享有免息期等。

《《例5　看清信用卡合约——全额计息与差额计息

小亮在3月10日使用信用卡购买了价值6000元的笔记本电脑。4月1日到期还款日当天，他偿还了4000元，并认为已经还足了最低还款额，打算下一个还款日5月1日再偿还剩下的2000元。小亮并未仔细阅读信用卡领用合约，以为银行会按照未偿还的2000元为本金计算利息，即2000元×0.05%×52天（3月10日至5月1日）=52元。实际上，该行信用卡领用合约上写明：持卡人在到期还款日未能还清全款，要按照当期账单全额为本金计算当期利息。因此，小亮在下期不仅要偿还2000元所产生的利息（3月10日至5月1日），还要承担4000元已还款所产生的利息（3月10日至4月1日），即2000元×0.05%×52天（3月10日至5月1日）+4000元×0.05%×21天（2月13日至2月25日）=52元+42元=94元。

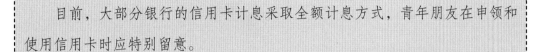

目前，大部分银行的信用卡计息采取全额计息方式，青年朋友在申领和使用信用卡时应特别留意。

2.4.4.3 养成定期查询和对账的好习惯

为了防止信用卡超额使用、还款不及时、卡被冒用、被重复扣账等风险，持卡人需定期了解信用卡账户情况。发卡银行通过各种渠道提供查询和对账。可通过发卡银行的客服中心、电话银行、网上银行、银行网点、自助设备等渠道查询和对账。对于当期有交易的、账户欠款的信用卡账户，发卡银行一般在月结后向持卡人发出月结单（对账单）。持卡人应认真核对，对于不符的账务须及时通过客服中心或其他有效方式向发卡银行提出，否则视为认可。持卡人提出不符款项时间如超过信用卡组织规定的追索期，则不能挽回由此给自己造成的损失。

2.4.4.4 凭签名和凭密码确认支付

在境外，信用卡支付确认一般凭签名。在商户购物消费，商户缮制签购单后，请持卡人核对卡号、金额等项无误后，由持卡人签名确认。在银行营业网点取现、转账，银行缮制相关凭证后请持卡人核对无误后签名确认。单据上的签名与卡背面预留签名核对无误后，商户、银行营业网点方可办理付款手续。签名是持卡人对发卡行付款的指令。随着银行卡联网通用交换网络的发展，信用卡也可以设置交易密码在境外使用。在境内，信用卡支付确认一般凭密码。有些银行发行的信用卡也可以通过签名确认支付，或者使用"密码+签名"方式进行支付确认。

2.4.4.5 明确溢缴款的性质

信用卡账户是贷款类账户，一般是先用款后还款。大部分银行对溢缴款是不计付利息的。建议信用卡持卡人不要在信用卡账户中存放过多的资金。

2.4.4.6 切勿进行信用卡套现

信用卡套现是指商户（或中介公司）与持卡人恶意串通，利用POS机"假消费、真提现"的行为。持卡人套现和商户（中介公司）提供套现服务都属于违法行为，也会对持卡人的个人信用造成恶劣影响。

◤ 三字经 ｜ 银行卡使用小攻略

银行卡，分功能，类别多，细选择；

借记卡，便存取，设密码，要牢记；

信用卡，能透支，按时还，享免息；

卡信息，勿透露，若丢失，即挂失。

2.5 借记卡业务

借记卡又叫"储蓄卡"，是银行卡的一种；在今天的经济生活中，借记卡基本取代了"存折"，成为我们生活中不可或缺的金融资产载体。

2.5.1 什么是借记卡

借记卡是指银行境内分支机构面向个人消费者发行的、先存款后使用及具备消费结算、转账汇款、存取现金和投资理财等全部或部分功能的银行卡。

2.5.2 借记卡的种类

按照卡片交易介质，分为磁条卡、纯芯片卡、磁条芯片复合卡。

按照目标客户定位，分为普通借记卡、VIP借记卡。

按照产品系列，分为标准借记卡、联名借记卡、主题借记卡等。

2.5.3 借记卡的特点

持卡人可凭卡和密码在发卡银行境内的营业网点、特约商户，及具备存取款、转账、汇款、查询、缴费、投资理财等全部或部分功能的自助设备上使用，也可在相关借记卡组织的境外自动柜员机和特约商户等受理点使用。

持卡人可凭卡和密码申请开通网上银行、电话银行和手机银行等电子银行服务。持卡人办理电子银行业务须同时遵守发卡银行关于电子银行业务的相关规定。

借记卡不具备透支功能。

借记卡内存款（电子现金除外）按照中国人民银行规定的相应存款利率及计息办法计付利息，并由发卡银行依法代扣代缴利息税。需要注意的是，电子现金不计息。

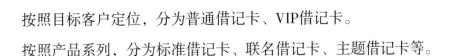

小贴士 | 电子现金交易

简单地说，电子现金交易就是在银行卡上又叠加了电子钱包的账户。刷卡时可以选择使用银行卡账户或者电子现金账户支付，后者的优势是支付快捷，刷银行卡和刷公交卡一样，在POS机上放一下即可，同时省去了现金找零的麻烦。电子现金视同现金，和现金一样不记名不挂失。换句话说，银行卡丢失可以补办，银行账户的钱照样保留，但是电子现金的钱无法找回。

专栏 │ 第三方支付

第三方支付是指通过第三方独立机构提供的交易支持平台所进行的支付。对于通过第三方支付平台进行的交易，买方选购商品后，使用第三方平台提供的账户进行货款支付，由第三方通知卖家货款到达、进行发货；买方检验物品后，就可以通知付款给卖家，第三方再将款项转至卖家账户。

2.5.4　借记卡的收费

发卡银行根据国家相关法律、法规和规章制定借记卡服务收费项目和收费标准。收费项目和收费标准可在营业网点等渠道查询。持卡人须按发卡银行规定的收费项目、收费标准和缴费方式缴纳相关费用。借记卡收费项目、收费标准如有变动，以发卡银行最新公告为准。但发卡银行应保障持卡人的选择权，即持卡人不同意发卡银行所做变更的，可停止用卡。

2.5.5　使用借记卡的注意事项

（1）一般注意事项

申请办理借记卡，尽量本人办理，不要委托他人办理。如必须委托他人办理的，收到卡片后应尽快修改卡密码。

目前使用的借记卡中，磁条卡占据较大的份额。磁条卡容易被不法分子复制，安全性能低，易消磁。而芯片卡被复制的难度高，具备较强的抗攻击能力，稳定性也比磁条卡更强，不会出现消磁的情况。此外，芯片卡还可办理电子现金交易。芯片卡的运行维护需要一定的成本，因此银行可能会收取一定的成本费用。

借记卡只限经发卡银行批准的持卡人本人使用。持卡人委托他人代为办理业务的，须符合发卡银行相关业务的代办规定。

持卡人凭卡在自助设备上办理业务时，因机器故障或操作失误造成吞卡的，可在吞卡后3个工作日内（从吞卡次日算起）凭本人有效身份证件及其他可以证明为卡片持有人的材料到自助设备所属银行办理领卡手续。逾期未领的，自助设备所属银行有权按规定程序处理。

（2）挂失须知

持卡人遗失借记卡应及时办理挂失手续。挂失分为临时挂失和正式挂失。

持卡人可在营业网点或通过电子银行渠道办理临时挂失，挂失时需提供卡号、户名、证件号码、住址、开卡日期等信息供发卡银行验证。临时挂失后，须补办正式挂失手续，否则临时挂失将自动失效。

正式挂失为书面挂失，持卡人需持本人有效身份证件，并提供卡号、姓名、证件号码、余额、住址、开卡日期等信息，到发卡银行营业网点办理。正式挂失后，持卡人可在规定期限以后办理补发新卡或销卡手续。

挂失手续办妥，挂失即生效。挂失生效前或挂失失效后持卡人因遗失借记卡产生的一切经济损失，银行不承担责任。

持卡人撤销挂失，须凭本人有效身份证件、已挂失借记卡和挂失申请书留存联向营业网点申请办理挂失撤销手续。

（3）消费、转账交易用卡安全须知

通过POS机刷卡消费或转账时不要让借记卡离开自己的视线范围。

建议根据自己的实际需要通过营业网点柜面或个人网上银行等方式设置借记卡自助设备及POS机等交易渠道的现金或转账交易功能和交易限额。

如果没有出国的需求，建议通过营业网点柜面或个人网上银行等方式关闭借记卡境外交易功能。

（4）销卡须知

持卡人有权随时终止使用借记卡。持卡人终止使用借记卡，应持本人有效身份证件及借记卡向发卡银行营业网点提出书面销卡申请，发卡银行营业网点受理后，即可办理销卡手续。

因持卡人违反国家相关法律、法规和规章或银行卡相关章程的规定，或因持卡人未按与发卡银行签署的协议规定缴纳相关费用，发卡银行有权随时停止向持卡人提供相应服务。

2.6 财富管理业务

青年朋友在走上工作岗位后，随着工作年限的增加，逐渐有了一定的积蓄，对自身财富保值增值的需求就开始显现，如何根据自身家庭、收入、支出等不同情况，合理地配置资产，是一名新时代青年应具备的能力之一。

你可以借助银行的产品和服务，科学打理自己的财富，包括：（1）储蓄存款，从某种意义上讲，这是最基本的财务管理方式；（2）银行发行的理财产品；（3）银行代理其他机构销售的产品，包括基金、保险、信托、资产管理计划等。

2.6.1 储蓄存款

2.6.1.1 什么是储蓄存款

储蓄存款指银行为居民个人积蓄货币资产和获取利息而设定的一种存款。

2.6.1.2 储蓄存款的种类

储蓄存款的种类基本上可分为活期和定期两种，根据期限、方式等不同，还可具体划分为活期存款、整存整取、零存整取、整存零取、存本取息、定活两便等。

活期存款

活期存款是指不确定存期，储户随时可以存取、存取金额不限的一种储蓄方式，活期存款存取自由，灵活方便，但利率较低。

整存整取

整存整取是指一次性存入本金并约定固定的存期，到期银行一并给付本金与利息的储蓄方式。虽然存期内可以提前支取，但提前支取部分视同活期存款，可能带来部分利息损失。

零存整取

零存整取是指储户与银行约定一个期限，在其间按开户时的约定金额，将资金分期固定存入账户，到期时按相应档次的利率将本金与利息一并付给储户的储蓄方式。常见的教育储蓄是零存整取储蓄的一种。

整存零取

整存零取是指储户与银行约定存期和支取期限，本金一次性存入、分次支取，利息于期满结清的储蓄方式。目前该种储蓄类型应用较少。

存本取息

存本取息是指储户将本金一次性存入账户，在约定的期间内按相应档次的利率分次支取固定利息，到期后银行支付本金的储蓄方式。

定活两便

定活两便是指不约定存期，一次性存入本金，可随时一次性支取本金和利息的储蓄方式。

个人通知储蓄存款

个人通知储蓄存款是指不约定存期，支取前提前通知银行支取日期和金额方能支取的储蓄方式。

> **专栏｜大额取款**
>
> 对于大额取款，银行一般会要求提前一天预约。
>
> 银行每个网点每天流动的现金是有限的，如果没有提前预约，就取走大额现金，可能导致网点现金不足，影响他人取款。同时，银行所有的押运都实行专业化管理，临时叫工作人员到其他网点调钱，也存在安全隐患。为了更好地服务广大储户，大多数银行根据自身的情况对预约取现金额作出了安排，一般设定个人单笔取款现金5万元（含）以上，需要提前一天向银行预约，以便银行准备现金，这样做也是为了更好地为更多的储户提供服务。
>
> 因此，需要大额取款时，请提前一天通过电话预约或者本人亲自去银行预约，并留下姓名、联系方式、取款金额以及账号。取款时须携带本人身份证。如果由他人代办，应同时携带代办人和本人的身份证。

2.6.1.3　储蓄存款的特点

储蓄存款是银行的主要业务之一，也是普通老百姓与银行日常打交道最多的业务，与我们的生活密切相关。当今个人财务管理方式众多，和其他方式相比，储蓄存款收益可能会低些，但就安全性和流动性而言，储蓄存款仍具有相对优势。

▶**不同的储蓄存款，有着不同的特点**

活期存款随时存取，灵活方便，适用于个人日常生活中短期待用资金的存储。

整存整取适用于个人一段时间闲置结余资金的储蓄，例如结婚费用、儿女未来的教育经费等。整存整取储蓄可以获得相对较高的利息收益。

零存整取对于在外打工、每月有较固定收入的中青年朋友比较合适。

整存零取适合拥有一笔可观的收入结余，同时需要供养家人（子女上学、赡养老人等）的个人或家庭。

定活两便既有活期存款的灵活性，又能享受比活期存款高的利息，对于一些难以把握准确使用时间的资金较为适宜。

个人通知储蓄存款利率相对比较高，但每次取款时需要提前通知银行，适合资金量较大且资金使用不确定的储户。

2.6.2　银行理财产品

2.6.2.1　什么是银行理财产品

青年朋友一定经常看到银行推出的各种理财产品，比如"××添利计划"、"××个人专享计划"等，令人眼花缭乱。那么，什么是银行理财产品呢？

我们通常所说的银行理财产品，是一种综合理财服务，根据银监会颁布的《商业银行个人理财业务管理暂行办法》（银监会令〔2005〕2号），它是指"商业银行在提供理财顾问服务的基础上，接受客户的委托和授权，按照与客户事先约定的投资计划和方式进行投资和资产管理的业务活动"。

银行理财产品依附于特定的市场条件和产品结构，与市场紧密相连，收益和本金都存在一定的不确定性，即面临着风险。对于它，首先要有这样的投资心态：风险和收益成正比，收益越高，风险越大。高收益低风险的理财产品客观上是不存在的。

因此，在购买银行理财产品之前一定要了解所要购买的理财产品类型、预期收益、投资标的等信息，尤其是要了解产品的风险等级，并根据自己的风险承受能力去购买相应风险级别的理财产品。

2.6.2.2　银行理财产品的特点

▶收益类型适合不同风险偏好。银行理财产品分为保证收益类、保本浮动收益类和非保本浮动收益类。

保证收益类是指银行按照约定条件承诺支付固定收益，银行承担由此产生的投资风险，或银行按照约定条件承诺支付最低收益并承担相关风险，其他投资收益由银行和消费者按照合同约定分配。

保本浮动收益类是指银行按照约定条件保证本金支付，并依据实际投资收益情况确定实际收益的理财产品。

非保本浮动收益类是指银行根据约定条件和实际投资收益情况支付收益，并不保证本金安全的理财产品。

青年朋友可以根据自己的风险偏好，选择不同收益类型的理财产品。一般而言，保证收益类理财产品的预期收益率较另外两种低。而购买浮动收益类产品时，预期收益水平也并不一定能达到，甚至可能产生本金损失，相应风险由购买人承担，因此需要具备一定的专业知识和风险承受能力。

▶可投资的范围较广。银行理财产品常见的投资标的包括金融债、企业债、央票、同业存款、同业借款、信托计划等金融产品，其中很多产品是个人目前无法直接投资的。通过购买银行理财产品，个人可以间接参与对这些领域的投资。

▶产品期限相对灵活。银行理财产品期限选择较多，短则几天，长则半年、一年，甚至三年至五年，但一般在存续期内不可以进行申购或赎回。

▶可接受币种多样。市场上人民币、外币和双币理财产品都有。其中外币理财产品目前主要有美元、港元、澳大利亚元等币种。

专栏 ｜ 结构性理财产品

结构性理财产品，通常是指运用金融工程技术，将存款、零息债券等固定收益产品与金融衍生品（如远期、期权、掉期等）组合在一起而形成的一种金融产品，简言之，就是将产品分为"固定收益＋期权"的复合结构。银行将通过发行理财产品募集的资金，大部分投资于固定收益产品，以保证产品到期时支付本金，同时利用少部分资金在金融市场上叙做衍生品交易，这笔交易相当于购买一个期权，并通过期权挂钩于不同标的，如外汇、指数、股票和商品等，用来获取挂钩标的达到预设条件时的收益。

需注意，结构性理财产品的收益与特定对象的价格或者其他不确定因素的表现挂钩，而并非实际投资于挂钩的资产。

2.6.2.3　银行理财产品说明书示例与解读

在购买产品前应认真阅读和了解理财产品说明书及相关文件。

银行理财产品销售文件，一般包括销售协议书、理财产品说明书、风险揭示书、客户权益须知等。许多银行目前将产品说明书、风险揭示书、权益须知整合在一起。

其中，风险揭示书会在醒目位置提示，**"理财非存款、产品有风险、投资须谨慎"**；列举可能面临的风险，如利率风险、流动性风险、市场风险、信用风险、提前终止风险等；对于保证收益类产品，会有**"本理财产品有投资风险，只能保证获得合同明确承诺的收益，你应充分认识投资风险，谨慎投资"**的提示；对保本浮动收益类产品，会有**"本理财产品有投资风险，只保障理财资金本金，不保证理财收益，你应当充分认识投资风险，谨慎投资"**的提示；对非保本浮动收益类产品，会提示理财产品不保证本金和收益，并根据理财产品风险评级提示消费者可能会因市场变动而蒙受损失的程度，以及需要充分认识投资风险，谨慎投资等内容；最后会设置风险确认语句**"本人已经阅读风险揭示，愿意承担投资风险"**，并在此语句下预留足够空间供消费者完整抄录和签名确认。

客户权益须知一般包含：办理理财产品的流程；风险承受能力评估流程、评级具体含义以及适合购买的理财产品等相关内容；银行进行信息披露的方式、渠道和频率等；向银行投诉的方式和程序等。

当然，最能直接地了解产品基本要素的方法，还是阅读产品说明书。下面，用一个示例来帮助青年朋友更好地读懂银行理财产品说明书。

××银行发行的×××人民币理财产品说明书（摘录）

产品说明部分

一、基本信息

产品名称	×××人民币理财产品
投资及收益币种	人民币
最低投资金额	50000.00元人民币，以1000.00元人民币为单位递增
投资起始日	2014年7月22日
投资到期日	2014年9月29日
投资期限	69天（不含产品到期日或提前终止日，如遇产品提前终止，则本产品投资期限由实际投资期限决定）
到账日	投资到期日后的两个银行工作日内为到账日。银行将不迟于到账日支付客户应得理财收益及理财本金，客户应得理财收益及理财本金在投资到期日与资金实际到账日之间不计利息
产品募集期	2014年7月15日至2014年7月21日19:00
预期年化收益率	5.20%
计算理财收益基础天数	365天
理财收益	理财收益的计算公式为：理财收益=交易本金×实际年化收益率×实际理财天数/365（精确到小数点后2位，小数点后第3位四舍五入）
产品类型	非保本浮动收益
产品风险评级	2R（本评级为内部评级，仅供参考）

产品名称	×××人民币理财产品
适合的消费者	适合经个人客户投资风险承受能力评估体系评定为稳健型、平衡型、增长型、进取型和激进型的投资者
产品费用	其中， 销售手续费率：0.10%； 托管费率：0.05%； 投资管理费：银行以产品投资运作所得为限，按照理财产品交易合同的约定，在扣除销售手续费、托管费等费用后，向客户支付应得理财本金及理财收益，如在支付客户应得理财本金及理财收益后仍有盈余的，作为银行投资管理费归银行所有
本金及收益支付	××银行在投资到期日计算消费者的理财收益，并于到账日一次性将客户应得本金及理财收益划转至消费者指定账户
工作日	为中国的银行工作日。若投资起始日、投资到期日等为中国法定节假日或休息日的，则顺延至下一银行工作日
提前终止权	投资期内客户不可提前终止本产品，银行有权自行决定并单方面提前终止本产品

二、产品投资范围

本理财产品募集的资金主要投资于：

1. 国债、金融债、央票、高等级信用债、债券基金、资产支持证券等固定收益工具。

2. 同业存款、同业借款、债券回购、货币基金等货币市场工具。

3. 符合监管机构要求的信托计划、委托债权投资及其他资产或者资产组合。

其中，固定收益工具（国债、金融债、央票、高等级信用债、债券基金等）加上货币市场工具（同业存款、同业借款、债券回购、货币基金等）占比为30%~100%。信托计划、委托债权投资及其他资产或者资产组合不超过70%。

三、本金和收益计算方法和测算依据

（一）理财产品收益的计算方法

客户收益的计算方法：理财产品收益＝理财本金×实际年化收益率×实际理财天数/365。

（二）理财产品收益的测算依据

按目前各类资产的市场收益率水平计算，该资产组合预期年化收益率约为5.35%，扣除销售费手续费、托管费等费用，产品到期后，若所投资的资产按时收回全部资金，则客户可获得的预期最高年化收益率可为5.20%。

（三）本金及收益情况示例

持有到期的理财产品收益

假设：理财本金为1000000元，本理财产品达到预期年化收益率5.20%，投资期限为69天。理财产品期满，产品收益＝1000000×5.20%×69/365＝9830.13元。

特别提示：**测算收益不等于实际收益，投资须谨慎！示例仅为向客户介绍收益计算方法之用，并不代表以上的所有情形或某一情形一定会发生，或发生的可能性很大。客户所能获得的最终收益请以银行按本产品说明书约定计算并以向客户实际支付的为准，且该等收益最高不超过按本产品说明书约定的本产品预期年化收益率计算的收益。**

······

风险揭示书部分

本产品为非保本浮动收益型产品，不同于储蓄存款，本产品项下，银行不保障理财本金，也不保证理财收益。投资者购买理财产品前应注意本产品投资风险，确认具有承担相关风险的能力。

本风险揭示旨在根据监管要求揭示×××人民币理财产品可能产生的风险。投资者需了解×××人民币理财产品的具体情况，并根据自身理财目标、投资经验、财务状况、风险承受能力以及其他相关情况慎重考虑购买本产品。

一、利率风险：······

二、流动性风险：······

三、市场风险：······

四、信用风险：······

五、信息传递风险：……

六、提前终止风险：……

七、兑付延期风险：……

八、不可抗力及意外事件风险：……

九、在最不利情况下，购买×××理财产品可能由于市场波动导致贬值或者发生信用风险导致相应损失，使产品到期时理财投资收入有可能不足以支付客户预期收益，甚至不足以支付理财产品本金，届时理财资金将按照产品到期时的实际现金资产向客户进行分配。但理财产品将向发生信用风险的投资品种发行主体进行追偿，所追偿的全部收益在扣除相关费用后，将继续向客户进行清偿。

本理财产品有投资风险，不保证本金及收益，您应充分认识投资风险，谨慎投资。如影响您风险承受能力的因素发生变化，请及时完成风险承受能力评估。

声明：我确认我已经收到本产品说明书，且已经认真阅读、理解并接受该产品说明书的内容，同时了解了风险揭示书中的风险揭示条款，理解投资××银行×××人民币理财产品说明书中理财产品将涉及的所有风险，并愿意承担且有能力承担该等风险。

（此处须客户亲笔抄录以下内容："本人已经阅读风险揭示，愿意承担投资风险。"）

客户签字：_____

日　　期：_____

××银行 _____（盖章）

从这份产品说明书中，我们可以了解到：

×××理财产品接受的币种是人民币，购买的门槛是5万元（银监会《商业银行个人理财业务风险管理指引》所规定的最低金额）。

▶投资期限：产品从成立日到到期日这段时间。这款产品已明确产品到期日当天不包含在内，也就是说，实际计算收益的天数是从7月22日至9月28日，共69天。需要注意的是，募集期（7月15日至7月21日19:00）不包含在投资期限中，不计算收益。

▶到账日：即账户收到返还的理财本金和收益的日期。产品到期日至到账日这段时间为产品清算期，不计算收益。从这款产品看，到账日最晚为9月30日（如遇法定节假日顺延）。

▶预期年化收益率：指理财产品真正运作区间的预期收益率，即成立日至到期日的预期收益率。所谓年化，是指按照持有满一年计算可达到的收益水平。

需要注意的是，由于理财产品的资金通常在募集期和清算期是不计算收益或按活期存款计息的，考虑资金全部占用时间的话，实际的预期年化收益率=收益金额×365/（资金占用时间×本金）。以这款产品为例，假设本金1000000元，在7月15日购买，到账日为9月30日，则资金占用时间为78天，实际的预期年化收益率为=9830.13×365÷（78×1000000）=4.60%，而并不是5.20%。

▶产品风险评级：指银行内部对理财产品进行风险等级划分的结果，较常见的是划分为5级，数字越小风险最低，数字越大风险最高。这款产品风险评级为2R，说明风险相对较低。

▶适合的投资者：指根据个人风险承受能力评估结果，对应的适合购买群体的类型。

▶产品费用：一般而言，银行发行理财产品会收取的费用包括销售手续费、托管费、投资管理费等，收费项目、条件、标准和方式在产品说明书中均会列示。产品说明书中列出的预期收益率，是在扣除这些费用之后的收益率。

▶ 法规链接

　　理财产品销售文件应当载明收取销售费、托管费、投资管理费等相关收费项目、收费条件、收费标准和收费方式。销售文件未载明的收费项目，不得向客户收取。商业银行根据相关法律和国家政策规定，需要对已约定的收费项目、条件、标准和方式进行调整时，应当按照有关规定进行信息披露后方可调整；客户不接受的，应当允许客户按照销售文件的约定提前赎回理财产品。

——《商业银行理财产品销售管理办法》

　　▶提前终止权：多数理财产品说明书中会写明银行单方面拥有提前终止权，但购买人是否拥有提前赎回权则情况各异，购买人的提前赎回权还进一步细分为可以随时赎回和只能在某一规定时间的赎回。通常情况下，购买人无提前赎回权的理财产品收益率较高，高出的部分就相当于因放弃部分权利而获得的补偿。如果购买人享有并行使提前赎回的权利，可能需要支付一定的成本，如损失部分收益，损失的部分就相当于享受该权利的代价。在这款理财产品中，购买人不具有提前赎回的权利。

　　▶产品投资范围：即理财产品的资金将会投资的主要资产，如果投资于不同资产，银行通常会给出这些资产配置的比例范围。产品投资范围往往是产品风险收益水平的主要决定性因素，购买理财产品时应予关注。在这款产品中，固定收益工具（国债、金融债、央票、高等级信用债、债券基金等）加上货币市场工具（同业存款、同业借款、债券回购、货币基金等）占比为30%~100%，也就是说，至少有30%的资金配置于固定收益工具和货币市场工具这类流动性相对较好、风险相对较低的资产。

声明及签字确认

产品说明书中的声明部分，需要购买人仔细阅读产品条款后亲笔抄录已知晓条款、愿意承担风险的语句，并且亲笔签名。这个环节不仅是履行购买理财产品的程序，更重要的是，这表示购买人事先已知晓并表示接受风险，如果产品亏损或未达预期收益，应由购买人自行承担。

在这份产品说明书的最后，可以看到银行盖章栏，如果所盖公章是××银行，就可以判定这款产品为银行发行的理财产品。

▶ 法规链接

理财产品宣传销售文本应当全面、客观反映理财产品的重要特性和与产品有关的重要事实，语言表述应当真实、准确和清晰，不得有下列情形：

（一）虚假记载、误导性陈述或者重大遗漏；

（二）违规承诺收益或者承担损失；

（三）夸大或者片面宣传理财产品，违规使用安全、保证、承诺、保险、避险、有保障、高收益、无风险等与产品风险收益特性不匹配的表述；

（四）登载单位或者个人的推荐性文字；

（五）在未提供客观证据的情况下，使用"业绩优良"、"名列前茅"、"位居前列"、"最有价值"、"首只"、"最大"、"最好"、"最强"、"唯一"等夸大过往业绩的表述；

（六）其他易使客户忽视风险的情形。

理财产品宣传销售文本只能登载商业银行开发设计的该款理财产品或风险等级和结构相同的同类理财产品过往平均业绩及最好、最差

业绩，同时应当遵守下列规定：

（一）引用的统计数据、图表和资料应当真实、准确、全面，并注明来源，不得引用未经核实的数据；

（二）真实、准确、合理地表述理财产品业绩和商业银行管理水平；

（三）在宣传销售文本中应当明确提示，产品过往业绩不代表其未来表现，不构成新发理财产品业绩表现的保证。如理财产品宣传销售文本中使用模拟数据的，必须注明模拟数据。

——《商业银行理财产品销售管理办法》

法规链接

银行应在销售文件的醒目位置提示客户"理财非存款、产品有风险、投资须谨慎"；应制定专页的风险提示书和专页的客户权益须知，内容应包含产品类型、产品风险评级及适合购买的客户评级，应示例说明最不利投资情形和结果，应对客户风险承受能力进行评估，并抄录风险确认语句等，应明确客户向银行投诉的方式和程序；应在销售文件中载明理财产品的投资范围、投资资产种类和比例，以及合理的浮动区间；应载明收取各种费用的条件、方式和收取标准，未载明的收费项目不得向客户收取；销售文本中出现收益率或收益区间字样的，应当在销售文件中提供科学、合理的测算依据和测算方式，并提示客户"预测收益不等于实际收益，投资须谨慎"；对弱势客户进行风险承受能力评估时，应当充分考虑客户年龄、相关投资经验等因素；应按照理财产品的五级风险评级和客户风险承受能力五级评估相匹配的原则，将合适的产品卖给合适的客户。

——《中国银监会关于完善银行理财业务组织管理体系有关事项的通知》

▶ 三字经 ┃ 了解银行理财

买理财，先定位，不偏心，不盲从；

多咨询，深了解，晓风险，心安宁；

聚闲钱，巧理财，慎投资，避风险。

2.6.3 银行代销产品

2.6.3.1 什么是银行代销产品

银行除销售自己发行的理财产品外，也会利用本行渠道、人员销售和推介其他金融机构发行的产品，被称为代销产品。

目前，银行代销产品主要包括：

▶代销基金：银行接受基金公司的委托，签订书面代销协议，代为销售基金产品，受理相关交易申请，同时提供配套服务并依法收取相关手续费。

▶代理保险：银行接受保险公司的委托，签订书面代理协议，代理销售保险产品的业务。这类产品又被称为银保产品，常见的包括分红险、万能险等。

▶代理推介信托：银行受信托公司委托代为向合格投资者推介信托计划的一种行为。这里的合格投资者是指符合下列条件之一的人：一是投资信托计划的最低金额不少于100万元人民币的自然人、法人或者依法成立的其他组织。二是个人或家庭在其认购时金融资产总计超过100万元人民币，且能提供相关财产证明的自然人。三是个人收入在最近三年内每年收入超过20万元人民币或者夫妻双方合计收入在最近三年内每年收入超过30万元人民币，且能提供相应收入证明的自然人。由此可见，信托产品购买人应具有较高的风险承受能力。

此外，还有代销券商资产管理计划、贵金属等。

2.6.3.2 银行代销产品的特点

代销产品受到相应监管部门的监管，比如中国证券监督管理委员会对基金产品有相应监管法规、中国保险监督管理委员会对保险产品也有相应监管法规等。

代销产品的设计开发、投资运作等均由发行产品的经营主体（如基金公司、保险公司等）负责，**商业银行对代销产品的投资运作及管理不承担责任，也不得对此类产品本金安全或收益水平做出任何承诺。**

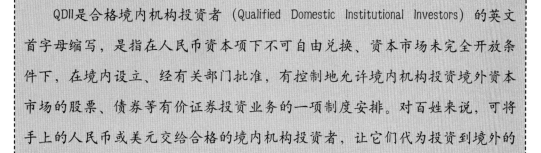

专栏 ｜ 代客境外理财产品（QDII产品）

QDII是合格境内机构投资者（Qualified Domestic Institutional Investors）的英文首字母缩写，是指在人民币资本项下不可自由兑换、资本市场未完全开放条件下，在境内设立、经有关部门批准，有控制地允许境内机构投资境外资本市场的股票、债券等有价证券投资业务的一项制度安排。对百姓来说，可将手上的人民币或美元交给合格的境内机构投资者，让它们代为投资到境外的资本市场中去，获取全球市场收益。

QDII产品与普通金融投资产品的主要区别是：其投资对象为境外资本市场的证券和其他金融产品，所以购买人不但要承担收益不确定性的风险，而且要承受汇率风险。

2.6.4　购买财富管理产品的注意事项

2.6.4.1　事先评估自身风险承受能力

在购买银行理财产品、基金、保险、信托等财富管理产品前，要首先了解自己的财务状况、风险偏好、风险承受能力和对收益、流动性的需求等。一般来讲，财务实力雄厚、有较高的风险偏好并且风险承受能力较强的青年朋友可以购买风险较高的理财产品，并追求较高的理财收益；而财务实力较弱、风险偏好较弱并且风险承受能力较差的青年朋友比较适合购买低风险产品，对产品的收益预期也要适当降低。同时，如果对流动性的要求较高，可以购买现金管理型产品，以便在急需资金时能够快速赎回产品；对流动性要求中等的可购买中短期产品；对流动性要求较低的可以考虑购买期限较长的产品。

在购买银行理财产品前，银行通常都会为客户做风险承受能力评估，帮助其判断适合自己的产品种类。下面展示一份个人客户风险评估报告示例。

××银行个人客户风险评估报告（摘要）

一、财务状况

1. 你的年龄是？

☐ A. 18~30岁（　　）　　　　☐ B. 31~50岁（　　）

☐ C. 51~60岁（　　）　　　　☐ D. 高于60岁（　　）

2. 你的家庭年收入为（折合人民币）？

☐ A. 5万元以下（　　）　　　　☐ B. 5万~20万元（　　）

☐ C. 20万~50万元（　　）　　　☐ D. 50万~100万元（　　）

☐ E. 100万元以上（　　）

---

3. 在每年的家庭收入中，可用作金融投资（储蓄存款除外）的比例为？

☐ A. 小于10%（　）   ☐ B. 10%~25%（　）

☐ C. 25%~50%（　）   ☐ D. 大于50%（　）

二、投资经验（任一项选A客户均被视为无投资经验客户）

4. 以下哪项最能说明你的投资经验？

☐ A. 除存款、国债外，我几乎不投资其他金融产品（　）

☐ B. 大部分投资于存款、国债等，较少投资于股票、基金等风险产品（　）

☐ C. 资产均衡地分布于存款、国债、银行理财产品、信托产品、股票、基金等（　）

☐ D. 大部分投资于股票、基金、外汇等高风险产品，较少投资于存款、国债（　）

5. 你有多少年投资股票、基金、外汇、金融衍生产品等风险投资品的经验？

☐ A. 没有经验（　）   ☐ B. 少于2年（　）

☐ C. 2~5年（　）   ☐ D. 5~8年（　）

☐ E. 8年以上（　）

三、投资风格

6. 以下哪项描述最符合你的投资态度？

☐ A. 厌恶风险，不希望本金损失，希望获得稳定回报（　）

☐ B. 保守投资，不希望本金损失，愿意承担一定幅度的收益波动（　）

☐ C. 寻求资金的较高收益和成长性，愿意为此承担有限本金损失（　）

☐ D. 希望赚取高回报，愿意为此承担较大本金损失（　）

7. 以下情况，你会选择哪一种？

☐ A. 有100%的机会赢取1000元现金（　）

☐ B. 有50%的机会赢取5万元现金（　）

☐ C. 有25%的机会赢取50万元现金（　）

☐ D. 有10%的机会赢取100万元现金（　）

四、投资目的

8. 你计划的投资期限是多久？

□ A. 1年以下（　）　　　　□ B. 1~3年（　）

□ C. 3~5年（　）　　　　□ D. 5年以上（　）

9. 你的投资目的是？

□ A. 资产保值（　）　　　　□ B. 资产稳健增长（　）

□ C. 资产迅速增长（　）

五、风险承受能力

10. 你投资产品的价值出现何种程度的波动时，你会呈现明显的焦虑？

□ A. 本金无损失，但收益未达预期（　）

□ B. 出现轻微本金损失（　）

□ C. 本金10%以内的损失（　）

□ D. 本金20%~50%的损失（　）

□ E. 本金50%以上损失（　）

银行理财人员计算你的总分

你属于：

（　）保守型投资人士（≤20分）。投资风险评估结果为保守型的个人客户仅适合购买风险等级为低风险等级的产品

（　）稳健型投资人士（21~45分）。投资风险评估结果为稳健型的个人客户适合购买风险等级为低风险和较低风险等级的产品

（　）平衡型投资人士（46~70分）。投资风险评估结果为平衡型的个人客户适合购买风险等级为低风险、较低风险和中风险等级的产品

（　）成长型投资人士（71~85分）。投资风险评估结果为成长型的个人客户适合购买风险等级为低风险、较低风险、中风险和较高风险等级的产品

（　）进取型投资人士（86~100分）。投资风险评估结果为进取型的个人客户适合购买所有风险等级的产品

评估类型	类型描述
保守型	不希望自己的投资本金承担风险,对任何短期波动都会感到不安,不愿意通过承担风险换取额外收益
稳健型	具有一定的风险承受能力,希望可以获得较为稳健的投资回报,对投资本金的安全性较为关注
平衡型	能够承担一定的投资风险和波动,愿意接受可能出现的短期损失,以期获取较高的投资收益
成长型	为提高收益,往往进行积极而主动的投资,能够承受较大幅度的波动,风险承受能力较强
进取型	愿意承担较大的投资风险和大幅波动,且愿意通过承担较大比例本金损失的风险来博取更高的投资回报

客户确认栏

本人保证以上所填全部信息为本人真实的意思表示,并接受贵行评估意见。

客户签名: 日期:

在填写完上述问卷后,银行销售人员会根据选项对应的分值,计算一个总分,客户就知道自己在该银行的风险类型了。

需要注意的是,评估书最后有一个"客户确认栏",一旦亲笔签名后,就表示自己将接受银行据此做出的风险承受等级评估结果。青年朋友应当在评估中如实填写,不要为了购买高风险产品而刻意夸大自己的风险承受能力。

2.6.4.2 分清投资产品与储蓄存款

银行销售的投资类产品(银行理财、代销基金、代理保险等)收益具有不确定性,不能将其等同于"存款"、"储蓄"等。首先,存款流动性更强。银行存款可以随时支取,流动性强。即使是定期存款,也可随时支取,只是提前支取将不享受定期存款利息。而投资类产品,是否能提前终止合同并提取资金,要看产品合同上的相关约定,虽然有的产品可提前终止,但可能会损失部分本金。其次，投资类产品风险更大。银行存款无疑是风险最低的理财方式，主要风险来自银行破产。而银行理财、基金、保险、信托、资产管理计划等产品的风险与所投资的具体领域表现密切相关，可能无法兑现预期收益，甚至产生本金损失。最后，投资类产品收益可能更高。银行存款利率相对固定，存款收益是确定的。而投资类产品有固定收益和非固定收益两类，非固定收益产品的最终实际收益视投资表现而定。

▶ **法规链接**

商业银行不得将存款单独作为理财产品销售，不得将理财产品与存款进行强制性搭配销售。商业银行不得将理财产品作为存款进行宣传销售。

——《商业银行理财产品销售管理办法》

2.6.4.3 明辨银行理财产品与代销产品

青年朋友一定要注意分清银行理财产品和银行代销产品。银行理财产品由银行发行，从设计到投资管理全部由银行负责；而银行代销产品，由其他机构开发、投资运作，银行只是代理销售。

分清到底是银行自有产品还是代销产品，关键在于合同。

首先，确定银行销售人员所有的口头营销宣传，是否都能在合同中找到明确条款作为依据，这可以判别销售人员是否存在误导销售。

其次，在签订合同前，一定要看清楚与自己签约的到底是什么机构（可根据印章判断）。如果是银行，那么产品就是银行自有产品；否则就是代销产品。

> **▶ 法规链接**
>
> 　　销售人员不得进行误导销售或错误销售。在销售过程中不得将保险产品与储蓄存款、银行理财产品等混淆，不得使用"银行和保险公司联合推出"、"银行推出"、"银行理财新业务"等不当用语，不得套用"本金"、"利息"、"存入"等概念，不得将保险产品的利益与银行存款收益、国债收益等进行片面类比，不得夸大或变相夸大保险合同的收益，不得承诺固定分红收益。
>
> 　　　　　　　　　　　　　　——《商业银行代理保险业务监管指引》

2.6.4.4　"凑份子"、"拖拉机"行为不受保护

　　无论是对于银行理财产品，还是银行代销其他金融机构的投资产品，多个未达到产品销售金额要求的个人采用共同出资但仅以单人名义购买的行为，属于故意隐瞒重要事实或提供虚假情况，本身已经违反了双方的合同约定，非但不受保护，而且还要承担相应责任。

　　银行在销售前会主动告知并以醒目的方式提示客户确认购买资金来源为自有资金。

　　对有最低投资额的金融产品，切记不要采用"凑份子"、"拖拉机"的方式参与投资。监管部门要求设置最低投资额，意图是保证购买人有足够的知识、经验和风险承受能力。此类投资产品并非适合所有人购买。青年朋友要慎重对待自己的投资行为，不能只看预期收益率而不顾潜在风险。

2.6.4.5　走出预期收益率误区

误区一：预期收益率=实际收益率

预期收益率是否能够代表产品的实际收益率呢？对于保本保收益型的理

财产品而言，可以这样类比，但对于保本浮动收益型和非保本浮动收益型的理财产品，预期收益率与实际收益率之间，并不存在必然的相等关系。

以投资债券的非保本浮动收益型理财产品为例，根据所投资债券价格走势，银行会测算产品到期可能获得的收益率，并在产品说明书中加以披露。如果债券市场出现剧烈波动，所投资的债券价格出现大幅下跌，则购买人不仅不能获得预期收益率，还有可能面临本金亏损。因此，预期收益率并不能代表购买人实际能获得的收益率。

误区二：预期收益率越高的产品越好

收益率的高低，除了反映产品的获利空间之外，也与产品的期限长短、风险高低有关。

先说期限，通常期限越长收益率越高。如一年期的产品，年化预期收益率一般高于半年期的同类型产品，但一味选择预期收益率更高的产品，投资者可能导致投资期限与自身资金使用安排不匹配。

再看风险，收益与风险呈现正相关关系，高收益对应高风险，低收益对应低风险。俗话说，天下没有免费的午餐，任何收益都有成本与之对应。比如，一款基本可以稳拿4%的产品和一款需要提心吊胆争取拿到8%的产品，到底哪一款更好，并不只由收益率说了算，更要看你的风险承受能力和风险偏好更倾向于哪一款。

因此，预期收益率的高低，并不是判别理财产品好坏的唯一标准。理财产品无所谓好与坏，而是要由个人判断是否合适，面对部分产品高收益的诱惑，更要摆正心态，合理选择。

2.6.4.6 充分理解"卖者有责，买者自负"

"卖者有责，买者自负"的主要目的，一方面是强化金融机构的责任，另一方面是防止购买人的道德风险。二者必须同时强调，不能偏废任一方面。

作为产品的供应方，银行在开展业务的过程中有义务将产品的相关信息揭示到位，说明产品的收益特点，特别是产品的风险属性；应通过合适的渠道销售产品，并选配符合相关资质要求的员工；通过合理的方式甄别客户是否适合购买特定产品，对于明显不适合购买某款产品的客户，银行应在充分揭示风险的基础上获得对方的书面认可后方可向其销售产品。简言之，银行应将合适的产品通过合适的渠道销售给适合的客户。

而在客户方面，也应对自身负责，充分考虑银行提供的相关信息，在了解产品的收益情况和风险属性的前提下，选择适合自己的产品，并承担相应的风险。在客户事先已知晓，并确认接受风险造成亏损或未达预期收益的情况下，应自行承担相关风险和责任。

《《例6 不要将商场里××投资公司的理财或贷款当做银行理财或贷款

一天，周先生在商场里看到某投资公司正在宣传投资产品，传单上写着"与多家银行合作，投资10万元，期限1年，年收益13%，保本保收益！"这么高的回报让周先生不由心动。他简单地问了客户经理几个问题，认为是银行卖的理财产品，就匆忙签字付款了。然而，到了合同约定向投资者支付本息的日子，周先生却一分钱也没有拿到。原来，该投资公司宣传的所谓的与多家银行合作，只不过是在银行开了账户而已，卖的并不是银行的理财产品！

同样，很多非法的"贷款广告"都是在变相进行民间高利贷、信用卡套现等违规行为。有些公司不仅不具备从事金融业务经营的资质，甚至未经工商部门注册。这些从事贷款中介的机构一般会收取高比例的中介手续费，其收费标准、业务监管等都游离于监管体系之外。也有不少广告宣称可以无条件快速发放短期贷款，这并不符合银行正常的贷款审查程序和放贷要求，基

本上均属于私人高息放贷行为。而公开宣传信用卡套现等内容的广告则存在诈骗的可能。为了维护自身合法权益，青年朋友千万不可轻信。

2.7 个人外汇业务

青年朋友在出国留学、旅游、探亲前后，一般都需要买卖外汇，下面对个人外汇业务进行一些介绍。

2.7.1 什么是个人外汇业务

个人外汇业务是指个人通过银行办理的外汇收付、结售汇及开立外汇账户等业务。结售汇是从银行角度来讲的，其中：结汇（对个人而言是"卖出外汇"）是指居民个人把从境内外获得的、拥有完全所有权、可以自由支配的外汇收入卖给外汇指定银行或者特许货币兑换机构，外汇指定银行或特许货币兑换机构根据交易行为发生之日的汇率给付等值人民币的行为；售汇（对个人而言是"购买外汇"）是指居民个人向外汇指定银行或特许货币兑换机构购买用于向境外支付的外汇，外汇指定银行或特许货币兑换机构根据交易行为发生之日的汇率收取等值人民币的行为。

> **法规链接**
>
> 个人应当按照本办法规定办理有关外汇业务。银行应当按照本办法规定为个人办理外汇收付、结售汇及开立外汇账户等业务，对个人提交的有效身份证件及相关证明材料的真实性进行审核。汇款机构及特许货币兑换机构按照本办法规定为个人办理个人外汇业务。
>
> ——《个人外汇管理办法》

2.7.2 办理个人外汇业务的注意事项

（1）个人结汇、购汇实行年度总额管理

个人结汇和境内个人购汇年度总额为每人每年等值5万美元。如确实有需要，在按照国家外汇管理局的要求准备相关证明材料的情况下，办理超过年度总额的结汇和购汇。

（2）办理个人结汇、购汇手续

个人年度总额内的结汇和购汇，凭本人有效身份证件在银行直接办理。办理结汇时境内个人应如实申报资金来源，境外个人应如实申报资金用途。办理购汇时，境内个人凭本人有效身份证件并向银行申报用途后办理。

个人年度总额内结汇和购汇，也可委托其直系亲属代为办理，需分别提供委托人和受托人的有效身份证件、委托人的授权书、直系亲属关系证明；超过年度总额的购汇、结汇以及境外个人购汇，可以凭相关证明材料委托他人办理。

例如，一对中年夫妇需要给在美国读书的儿子汇学费和生活费，那么，他们首先把账户中的人民币兑换成美元，即购汇。因为他们购买外汇是汇款，所以，银行会将人民币兑换成美元现汇，再通过汇款的形式汇往儿子在美国的银行账户中。

再如，远在澳大利亚的张女士想给年迈的父母汇一笔澳大利亚元，用来补贴父母的生活，那么她汇到其父母账户中的澳大利亚元是现汇，她的父母需要先将现汇兑换为人民币，即结汇，才能在中国境内消费。

需要注意的是，无论是结汇还是售汇；无论是现钞转为现汇还是现汇转为现钞，银行都会收取一定的费用。

（3）提取外币现钞手续

个人提取外币现钞当日累计等值1万美元（含）以下的，可以在银行直接办理；超过上述金额的，凭本人有效身份证件、提钞用途证明等材料向银行所在地国家外汇管理局派出机构事前报备。银行凭本人有效身份证件和经国家外汇管理局派出机构签章的"提取外币现钞备案表"为个人办理提取外币现钞手续。

> ◤ **小贴士 ｜ 什么是现汇和现钞**
>
> 现汇是指在国际金融市场上可以自由买卖，在国际上得到偿付并可以自由兑换其他国家和地区货币的外汇。简单地说，现汇是指由境外汇入或从境外携入的外币票据，通过转账的形式，存入到个人在银行的账户中。
>
> 现钞是指外币现金或以外币现金形式存入银行的款项。
>
> 现汇和现钞是外汇资产的两种不同形式、各有优势，并可通过银行相互转换，但需要支付一定的费用。在境外使用时，现汇必须在指定银行转换成现钞才能使用，现钞可以直接在流通的国家和地区使用；在转账方面，现汇可以直接通过银行进行转账，但需要交一定的手续费，现钞需要先到银行转换成现汇，再进行转账，费用一般更高。

（4）外币现钞出入境规定

个人携带外币现钞出境，携出金额在等值5000美元以上至1万美元（含1万美元）的，应当持护照或往来港澳通行证、往来台湾通行证，有效签证或签注，存款证明或相关购汇凭证向存款银行申领"携带外汇出境许可证"。携出金额等值1万美元以上的，需要前往国家外汇管理局办理"携带外汇出境许可证"。出境时，个人需要向海关申报提交"携带外汇出境许可证"。

个人携带外币现钞入境，超过等值5000美元的应当向海关书面申报。

2.8 电子银行业务

电子银行是银行利用互联网等电子渠道和终端设备向客户提供银行产品和服务的方式。

随着不断创新发展，电子银行业务目前包括网上银行、电话银行、手机银行、自助银行业务等多种服务方式。电子银行往往不受时间和地域的限制，方便快捷，省时省力，已成为常见的金融服务之一。

部分银行允许客户通过网络、手机等渠道自助开通网上银行或手机银行等服务，并使用部分低风险的业务功能。为了安全起见，客户申请开办全功能电子银行业务，特别是涉及金额较大的资金划转业务权限，应携带本人有效身份证件及银行卡或存折，亲自到银行营业网点办理。

2.8.1 网上银行

网上银行是通过互联网和电脑供客户操作使用的银行业务，通常提供账户查询、转账汇款、缴费和在线支付等多种金融服务。

相比传统柜面操作，网上银行便捷且成本较低。比如，网上银行可以即时登录，即时使用；可以节省前往银行营业网点办理业务所需的交通和等候时间。此外，网上银行部分业务手续费有一定程度折扣和优惠（如转账汇款、申购基金等）。

银行采取多种方式保证网上银行的使用安全。银行运用数据加密措施，采用网络防火墙、网络入侵检测系统等，构建牢固的安全防护体系，保护客户数据安全。此外，银行提供包括数字安全证书、动态口令牌、手机短信密码、余额变动提醒、预留验证信息、防钓鱼安全控件等服务或工具，有助于提升网上银行交易的安全性。

▶与此同时，青年朋友自身的风险防范也至关重要

牢记银行门户网站的网址，选择安全登录方式

登录网上银行时，建议直接在浏览器地址栏输入银行官方网址登录或通过银行数字安全证书提供的网址登录，防范不法分子伪造银行网站骗取银行卡号、密码等信息。

确保登录网上银行的电脑安全可靠

建议定期更新杀毒软件，及时下载补丁程序；不打开来历不明的程序、链接、邮件；不在网吧等公共场所使用网上银行。

安全设置密码

网银数字安全证书保护密码、网银登录密码等重要信息应避免使用生日、电话号码等与个人信息相关联、容易被猜中的数字。要注意为电子银行设置区别于其他用途的专门密码，避免因其他密码失窃而造成上述密码泄露，特别是不要与电子邮箱、QQ等网上聊天工具、网上论坛等注册会员等使用相同密码。同时，建议定期更换数字安全证书保护密码和网银登录密码。

核对验证短信内容

有些银行在网上银行交易确认前，会以短信方式发送验证码至客户绑定手机，以保证资金安全；客户应仔细核对短信内容，若未进行网上银行操作却收到类似验证短信或短信提示信息与当前交易不符，应及时停止操作并与银行联系确认，避免上当受骗。

妥善保管数字证书等安全工具

妥善保管和正确使用银行提供的数字安全证书（USBKey）、动态口令卡、动态口令牌等安全工具，切勿交给他人保管。各家银行数字安全证书（USBKey）的名称可能不同，如U盾、K宝、网银盾、E盾等，但技术原理和功能基本相同。

> **▶ 小贴士 ｜ 使用网上银行好习惯**
>
> 在使用网上银行时，建议青年朋友养成以下良好习惯：
>
> 登录网银后，首先查看欢迎界面上的"上次登录时间"、"已登录次数"、"预留验证信息"、"头像"等信息（具体信息内容和数量各银行有所不同）与实际情况是否相符，如发现异常情况应立即停止交易并及时与银行联系。
>
> 结束交易后，应通过点击网银页面设有的专用"安全退出"按钮退出网银系统，然后关闭浏览器（即关闭所有已打开的网页）。
>
> 退出网银后，及时将数字安全证书（USBKey）拔出。部分银行网银采用"用户名+登录密码"登录模式，只在对外转账等高风险等级业务时才会提示插入数字安全证书（USBKey）。

2.8.2　电话银行和手机银行

电话银行业务是利用电话等声讯设备和电信网络开展的银行业务。电话银行通过自助语音和人工坐席服务相结合的方式提供账户查询、转账汇款、投资理财以及业务咨询、投诉建议等服务。

手机银行业务是电子银行的新兴渠道，是利用移动电话和无线网络开展的银行业务。手机银行的功能包括基础功能和拓展功能。大部分银行提供的手机银行都具备查询、转账、汇款、缴费、临时挂失等基础功能。在基础功能上，部分银行又发展出基金、理财、外汇、移动支付等拓展功能。

需要注意的是，随着移动互联网、音频分析等技术的发展，相应的网络环境和安全管理手段尚处于建设和完善中，青年朋友在享受电话银行、手机银行便利性的同时，也需要具备安全意识，牢记以下安全事项：

牢记银行客服电话号码、手机银行官方网址，通过银行官方网站或官方认可的渠道下载、安装手机银行客户端。

不使用公用电话、他人电话、他人手机操作，并在使用电话银行、手机银行时留意周围情况。

根据实际需要对交易限额进行设置。可通过营业网点为电话银行、手机银行转账交易设置单笔交易限额和每日累计限额，将账户支付控制在一定额度之内。

青年朋友在手机银行绑定的手机或相关安全认证工具丢失后应及时采取补救措施。如绑定的手机丢失，要尽快通过银行营业网点或网上银行、电话银行等渠道办理暂停或注销手机银行服务（不同银行提供的暂停或注销手机银行业务的渠道可能有所不同）。要妥善保管好动态口令卡或动态口令牌，防止他人偷窥、复印或拍照，如有遗失要及时到银行营业网点补办。

专栏 ｜ 微信银行

微信银行是近期出现的基于移动即时通讯服务的一种全新金融服务渠道。"微信"开放了公众平台消息接口后，国内多数银行推出微信客服号，利用"第三方平台"进行推广，并使客户通过微信号对银行账户进行一系列操作，这些功能的实现平台被称为"微信银行"。

客户下载安装"微信"客户端，并关注银行的公众号，就可以享受业务咨询、信息查询、账务查询、转账支付等服务。与传统银行营销方式相比，微信银行充分利用了"第三方平台"的社交服务和智能终端优势。

对于微信银行来说，目前可以进行的交易都是账户内的，相对而言比较安全。最大的风险在于账户信息的外泄，如手机丢失，所以必须保管好手机，如果不慎遗失，务必于第一时间取消银行卡账户的关联。

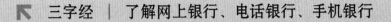

三字经 │ 了解网上银行、电话银行、手机银行

用网银，享便利，可缴费，能理财；

守信息，不外露，防木马，防窃密；

用手机，用电话，新渠道，多选择；

严加密，高警惕，莫疏忽，勿大意。

2.8.3 自助设备

银行的自助设备包括自助取款机、自助存款机、自助存取款机、银行自助查询终端、自助缴费机、存折补登机等，青年朋友可通过自助方式在相应的自助设备上完成存折补登、存款、取款、转账、查询、密码修改、缴费、投资理财等功能。

▶**安全使用自助设备需要牢记以下事项**

留意自助设备是否有可疑装置，尤其是插卡口与出钞口等关键部位，如有可疑装置应立即停止使用，并马上通知自助设备所属银行或报警处理。

注意身边是否有可疑人员。遇到注意力被他人引开的情况时，应用手遮挡插卡口，防止卡片被不法分子调换。

发生不退卡或不吐钞等情况时，请不要急于离开自助设备，也不要轻易相信身边其他人员的指引，应及时检查银行卡是否卡在插卡口或出钞口是否有异物阻塞，如有异常，应及时拨打设备所属银行客服电话寻求帮助。

操作结束要及时取回卡片并妥善保管。

凡是发现自助设备上粘贴公告，以任何理由提示你将资金转到所谓的安全账户或按照公告内容进行转账操作的，应立即通知设备所属银行或报警处理。

> **三字经｜了解你身边的自助设备**
>
> ATM，自助机，能转账，易存取；
>
> 输密码，要警惕，严遮挡，防窥视；
>
> 卡被吞，莫慌张，找客服，听指引；
>
> 交易单，妥保管，不乱丢，防泄密。

2.8.4 办理电子银行业务的注意事项

青年朋友使用电子银行办理业务时，除了注意安全性外，对电子银行的业务规则、自身权益等也应加以关注，比如：

（1）你可以自主决定是否申请注册电子银行业务，自主选择注册电子银行的渠道种类，如网上银行、手机银行、电话银行等。

（2）到营业网点办理电子银行注册、注销、变更等手续，应填写相关申请表（免填单业务除外），提供相关资料，并签名确认。所填写的申请表信息和所提供的资料必须真实、准确、完整。在电子银行服务协议生效期间，所提供的信息如有变动，应主动及时办理有关变更手续。

（3）对涉及收费的电子银行业务，应事先了解、知晓相关收费标准或具体收费金额，以便自主决定是否继续操作该项业务，并最终提交银行业务处理系统。

（4）对于银行按规定对电子银行服务内容、操作流程或收费标准等进行的调整，若不同意接受调整内容，有权向银行申请终止相关电子银行服务，但在申请终止相关电子银行服务之前使用该服务的，仍应当遵守相关调整内容。

（5）通过电子银行渠道办理相关交易后，可以在规定的时限内到银行营业网点补登存折或补打交易明细。

（6）电子银行交易指令一经确认、执行，不得要求变更或撤销。不得以与第三方发生纠纷为由拒绝支付应付银行的款项。

（7）如对电子银行服务有疑问、建议或意见，可拨打银行客服热线、登录银行官方网站或到银行营业网点进行咨询或投诉。

3 强化防范意识

随着市场经济的不断深化，银行业务在广度和深度上不断拓展、创新，新业务、新技术、新模式层出不穷，一方面银行产品趋于复杂，合同条款更加精细缜密，另一方面网上银行、手机银行等新型交易方式在给消费、投资活动带来便利的同时，也对个人信息安全、防范金融诈骗等提出了新的挑战。青年朋友应主动学习金融知识，提升风险防范意识和自我保护能力，并通过合适的渠道维护自身合法权益。

3.1 养成良好金融消费习惯

近年来，互联网应用越来越普及，很多青年朋友在通过网络浏览新闻、购物之余，也会使用网上银行替代到银行网点办理业务。需要注意的是，在享受网络带来便捷的同时，青年朋友也要养成良好的金融消费习惯。

3.1.1 保护个人信息

3.1.1.1 养成良好上网习惯，防止误上钓鱼网站

"工欲善其事，必先利其器。"在上网前，首先要为上网设备加装防

病毒软件，并做到适时更新、定期扫描，及时修复系统漏洞，防范木马病毒及恶意"后门"程序。为了避免上网时被跟踪，建议定期清理电脑中的缓存（Cookies）。在登录银行网站时，应特别注意网站是否为银行官方网站，目前多数网络浏览器均可对银行官方网站进行认证，对于缺少"官方"、"认证"字样的银行网站坚决不登录，以免网络黑客利用钓鱼网站入侵上网设备，导致个人信息和数据遭窃。

www.1cbc.com.cn
将网址中的字母"l"替换为数字"1"，此网站为虚假网站，一字之差谬以千里

3.1.1.2　谨慎选择公共WiFi，预防个人信息外泄

目前，公共网络WiFi覆盖面越来越广，逐渐成为黑客和不法人员利用的对象。一些不法人员可能会开设无线网络，借无线上网设备自动连接该网络之机，窃取个人信息。青年朋友在公共场所不需要使用WiFi网络时，应及时关闭无线数据功能，如确需使用WiFi网络，应将WiFi网络设置为安全程度最高的"公用网络"模式。

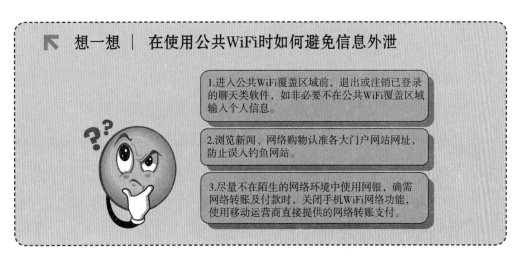

想一想 ｜ 在使用公共WiFi时如何避免信息外泄

1.进入公共WiFi覆盖区域前，退出或注销已登录的聊天类软件，如非必要不在公共WiFi覆盖区域输入个人信息。

2.浏览新闻、网络购物认准各大门户网站网址，防止误入钓鱼网站。

3.尽量不在陌生的网络环境中使用网银，确需网络转账及付款时，关闭手机WiFi网络功能，使用移动运营商直接提供的网络转账支付。

3.1.1.3　安装使用正版软件，合理设置软件权限

要给上网设备安装正版软件，不要下载来历不明的软件程序。软件下载

尽量通过官方网站。很多手机软件在使用过程中，需要使用者授权它扫描甚至读取通讯录、短信等个人敏感信息，对此，应高度警惕。

专栏 ｜ 身份证复印件的签注书写方法

在如今这个高度信息化的社会，身份证信息如同是每个人的"源代码"：不仅储存着最重要的个人信息，还是人们参与社会生活的基本凭证，没有它寸步难行。身份证复印件有可能被违法分子利用，用来办理银行卡、电话卡等，为了防止身份证信息泄露，青年朋友应学会在身份证复印件上签注。

身份证复印件正确签注方法如下：

仅提供××银行

申请××基金扣账

他用无效

注意：

1. 用蓝（黑）色笔。

2. 部分笔画与身份证的字交叉或接触。

3. 每一行后面一定要画上横线，以免被偷加其他文字。

4. 部分文字一定要签在身份证的范围内，但不要遮住身份证上的姓名、文字及号码。

3.1.2 保护密码安全

在日常办理银行业务过程时，无论是使用银行卡还是电子银行，密码都是关键的安全认证方式之一，一旦密码泄露，将极大地威胁账户资金的安

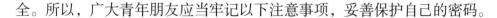

全。所以，广大青年朋友应当牢记以下注意事项，妥善保护自己的密码。

1. 不要将银行卡密码、电子银行登录密码、查询密码等设置为生日、身份证号的一部分、电话号码、门牌号码、几位相同或连续的数字等弱密码（如888888、123456），以免被他人猜出并盗用。

2. 不要把密码写在卡背面的签名条上，或放在钱包里，也不要告诉其他人；不要将账户及密码信息储存在联网的计算机或邮件中。

3. 银行不会也不能向客户索要密码，不会也不得通过任何形式要求客户转出账户资金。不轻信任何通过电子邮件、电话和短信等方式要求到指定网站升级或办理展期的信息以及索要账户和密码或要求转账汇款的行为，若有疑问可拨打相关银行客服电话，或到银行柜面咨询。

4. 若持卡人连续输错密码超过一定次数，银行将对账户予以锁定。若后来想起了密码，需凭本人有效身份证件，按照银行相关流程，办理解除锁定手续，银行验证密码无误后解除账户锁定。若确实遗忘了密码，需凭本人有效身份证件，按照银行相关流程，办理密码重置手续。

3.2 树立合法理性维权观念

3.2.1 正确认识自身合法权益

当你购买银行产品或接受银行服务时，就成为了银行业消费者。作为银行业消费者，你有权依法主张自身的合法权益，并对银行业金融机构进行监督，提出建议和批评，对侵害自身合法权益的行为和相关人员进行检举和控告。

银监会银行业消费者权益保护工作致力于推动实现银行业消费者在与银行业金融机构发生业务往来的各个阶段始终得到公平、公正和诚信的对待，依法保护银行业消费者的合法权益不受侵害。

专栏 ｜ "八不准" ——《中国银监会银行业消费者权益保护工作指引》

1.银行业金融机构应当尊重银行业消费者的知情权和自主选择权，履行告知义务，不得在营销产品和服务过程中以任何方式隐瞒风险、夸大收益，或者进行强制性交易。

2.银行业金融机构应当尊重银行业消费者的公平交易权，公平、公正制定格式合同和协议文本，不得出现误导、欺诈等侵害银行业消费者合法权益的条款。

3.银行业金融机构应当了解银行业消费者的风险偏好和风险承受能力，提供相应的产品和服务，不得主动提供与银行业消费者风险承受能力不相符合的产品和服务。

4.银行业金融机构应当尊重银行业消费者的个人金融信息安全权，采取有效措施加强对个人金融信息的保护，不得篡改、违法使用银行业消费者个人金融信息，不得在未经银行业消费者授权或同意的情况下向第三方提供个人金融信息。

5.银行业金融机构应当在产品销售过程中，严格区分自有产品和代销产品，不得混淆、模糊两者性质向银行业消费者误导销售金融产品。

6.银行业金融机构应当严格遵守国家关于金融服务收费的各项规定，披露收费项目和标准，不得随意增加收费项目或提高收费标准。

7.银行业金融机构应当坚持服务便利性原则，合理安排柜面窗口，缩减等候时间，不得无故拒绝银行业消费者合理的服务需求。

8.银行业金融机构应当尊重银行业消费者，照顾残疾人等特殊消费者的实际需要，尽量提供便利化服务，不得有歧视性行为。

3.2.2　正确维权的途径和方式

银行和客户之间，有时难免产生纠纷，不仅影响了客户安全、愉快地使用银行服务，也影响了银行声誉和形象。对于这种纠纷，客户不应"忍气吞声"，而要积极维护和主张自身的合法权益，但也不能采取非理性、过激手段，这样不但无益于问题的解决，有时反而导致更大的冲突。以下两个建议供参考。

3.2.2.1　理性维权

1.冷静对待，耐心沟通

银行业务专业性较强，而青年朋友对银行产品、服务、政策等的了解可能不尽全面，所以，有时出现纠纷并非银行"有意冒犯"，而有可能是你不知晓相关业务规定导致的误解和隔阂。如果青年朋友办理业务时有疑问，应及时向银行讲明意见，要求银行进行解释，通过良好沟通，找到纠纷产生的原因，分清责任，有效处理问题。

2.通过和解方式快速解决

一般情况下，与银行网点产生纠纷大多集中在柜面服务质量、理财业务、信用卡等方面。有的银行已针对容易产生纠纷的业务制定了应急预案或快速理赔方案，青年朋友可以加强与当事银行的协调、沟通，找到双方都满意的解决办法，通过和解方式处理纠纷。

如果你对银行的某些产品和服务有意见，或者自己的正当权益受到侵害，在与银行当事人员无法通过沟通、和解达成一致的情况下，可通过以下途径和方式进一步表达诉求、维护合法权益。

3.2.2.2　合法维权

1.向银行业金融机构投诉

青年朋友可以向银行营业网点大堂经理及网点负责人表达诉求，同时可将相关意见、建议及投诉书写于网点摆放的意见簿；也可以通过银行公布的统一客服电话，或者公示于网点的支行、分行、总行投诉咨询服务专线电话进行咨询和投诉。投诉时，应注意整理证据和信息，如账号、理财协议、保险单号、开户时间、被投诉机构（人）信息等，并交给银行，同时提供自己的有关信息、联系方式。

主要银行客服电话（也可通过114服务查询相关银行服务电话）

银行	电话号码
工商银行	95588
农业银行	95599
中国银行	95566
建设银行	95533
交通银行	95559
中信银行	95558
光大银行	95595
华夏银行	95577
民生银行	95568
招商银行	95555
兴业银行	95561
广发银行	95508
平安银行	95511-3
浦发银行	95528
恒丰银行	400-813-8888
浙商银行	95527
渤海银行	95541
邮政储蓄银行	11185

2. 向银行业监管部门投诉

当自身合法权益受到侵害且不满意银行的处理结果时，青年朋友可向各级监管部门——银监会及其派出机构投诉反映。

投诉时应注意：

（1）首先向银行投诉，对银行处理结果不满意时再向监管部门投诉。银行是投诉处理的主体，一般都建立了比较完善的投诉流程和体系，是实现投诉事项得到有效快速解决的重要渠道。

（2）向当地监管部门反映，即向产生纠纷的银行所在地的银监（分）局投诉。与上级监管部门相比，当地监管部门能够更及时地调查核实，了解情况，并做出调解处理。

（3）向监管部门进行投诉最好采用书面形式，并提供有关证据和信息，详述事件及性质，以及你的诉求等，监管部门将按照规定流程处理，认真进行调查核实。

3. 申请仲裁

仲裁，指发生纠纷的当事人，自愿将争议提交仲裁机构进行裁决，由仲裁机构独立、公正地解决争议问题，具有一裁终局、程序简便、处理效率高、法律效力强等优点。青年朋友如认为银行行为给自己造成了严重侵权或产生了较大经济损失，在调解不成的情况下可提交仲裁，但需按照争议标的额的一定比例缴纳仲裁费用。

4. 诉讼

青年朋友权益受到损害时，特别是人身和重大财产受到侵害时，可向人民法院起诉。在一般情况下，应当向银行所在地的人民法院提起诉讼。金融产品和服务知识及有关法律知识具有专业性，青年朋友可以视情况聘请专业律师，以更好地主张和维护合法权益。

专栏 ｜ 银监会公众教育服务中心简介

按照"预防为先，教育为主，依法维权，协调处置"的工作原则，银监会于2007年在各部委中率先建立公众教育服务中心，在工作时间接待社会公众现场和电话咨询，组织金融知识专题讲座，发挥向社会大众普及金融知识、增强消费者风险防范能力、提高全民金融素质的功能，引领和推动银行业树立"公众教育服务"理念，承担公众教育服务责任。为更好地发挥公众教育服务中心的服务作用，银监会对公众教育服务中心进行改造，改造后的公众教育服务中心分区合理，功能完备，更新配备了充足的金融知识宣传资料，并先后承办了少儿财商课堂开学第一课、理财足球全球首发仪式等活动，在开展金融知识宣传教育等方面发挥了积极作用。在银监会各相关部门的支持下，公众教育服务中心正在承担越来越重要的作用。

公众教育服务中心开放时间：

工作日上午9:30~11:30，下午13:30~16:30

公众教育服务中心咨询电话：010-66279113

3.3 防范金融诈骗和非法金融活动

很多青年朋友在微博、微信上看到过不少和银行有关的"高招"、"秘籍"，比如自助设备可自动报警，只花1元钱就能让骗子损失200元手续费……这些都是真的吗？

这些所谓的"高招"、"秘籍"是没有根据的，在当今科技高度发达的背景下，青年朋友还需不断提升自我保护意识，加强风险防范措施，以确保自己账户和资金的安全。

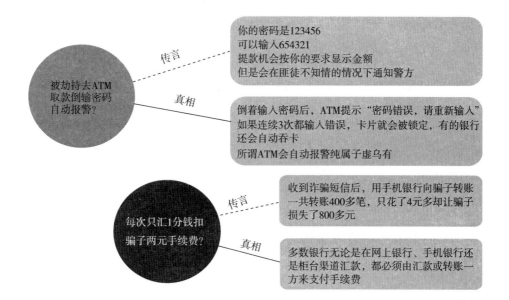

3.3.1 防范金融诈骗

3.3.1.1 电信诈骗

电信诈骗是指不法分子通过电话、网络和短信方式，编造虚假信息，设置骗局，对事主实施远程、非接触式诈骗，诱使事主给不法分子打款或转账的犯罪行为。

电话诈骗

1. 虚构子女被绑架，利用电话录音（如孩子的哭声）造成家人恐慌，要求家人汇款赎人。

2. 冒充亲友，以车祸、生病、违法需缴纳款项等为由实施诈骗。

3. 冒充电信服务人员，以电话欠费等名义实施诈骗。

4. 冒充公检法等国家机关人员，以事主涉嫌洗钱、诈骗等犯罪活动为由，实施诈骗。

5. 谎称事主中奖，通过要求事主缴纳个人所得税、服务费和手续费等实施诈骗。

短信诈骗

1. 发送短信称事主的银行卡在异地刷卡消费，待事主回电时，不法分子假冒银行工作人员实施诈骗。

2. 通过短信发送银行账号及"速汇款"等信息，欺骗碰巧要汇款的事主。

网络诈骗

1. 在互联网上发布帮助挑选或购买股票等信息，骗取事主汇款。

2. 发布虚假QQ中奖或网络游戏中奖信息，骗取事主缴纳手续费、个人所得税等。

≪ 例7 谎称"邮件未领取"诈骗

近日，在北京一家外企工作的小李接到一个陌生电话，按照语音提示进行查询时，对方自称是中国邮政的工作人员，说小李有一封来自上海的邮件未取，帮她查看后里面是一张法院传票。传票上说小李有一张在上海办理的某银行信用卡，目前已经透支7000多元，即将被上海市中级人民法院起诉。对方听小李说没有办理过上海的信用卡后，称作为政府部门工作人员可以通过内部系统协助报警，随后开始套取个人信息，让小李汇钱。

⚑ 温馨提示 银监会防范金融诈骗风险提示

在任何情况下，银行职员或警方都不会要求持卡人提供银行卡密码或向来历不明的账户转款，如果遇此类要求，首先应怀疑其身份的真实性，并及时通过正规渠道报警。

——《银监会关于保障金融消费者银行卡资金安全的风险提示》

3.3.1.2 电子银行诈骗

网络钓鱼

不法分子以银行网银系统升级、认证工具过期等为由，诱骗事主登录假冒银行网站和网银，实施诈骗。

跨行授权支付类诈骗

不法分子通过网络与事主达成交易后，诱骗事主签订跨行授权支付协议，实施诈骗。

手机银行诈骗

不法分子编造事由，使用自己的手机号码为事主开通手机银行，窃取事主资金。

电话银行诈骗

不法分子诱骗事主进行电话操作，再设法将事主的资金转走。

▶ **小贴士** | **防范电子银行诈骗的措施和注意事项**

1. 正确网址上网银，防止错登钓鱼网；网上购物要谨慎，正规平台才放心。

2. 跨行授权审慎办，不然可能被掏空。

3. 本人手机来办理，控制风险省麻烦；更换号码莫小看，通知银行莫迟延。

4. 电话免提不可靠，他人窃听风险高；钱款转出难追回，切莫盲目听人言。

3.3.1.3 自助设备诈骗

虚假通知（向指定账户转账）

不法分子在自助设备上张贴通知，要求事主把资金转移到指定账户，实施诈骗。

盗取银行卡信息

不法分子利用盗取的银行卡资料伪造卡片，再利用伪造的银行卡盗取事主现金。

封堵出钞口

不法分子事先将出钞口用异物堵住，待事主取不出钱离开后，再将钱取出。

掉包银行卡

不法分子趁事主在自助设备上取钱时窥视密码，然后配合其同伙转移事主注意力并快速将事主自助设备上的银行卡掉包。

"好心人"帮助

不法分子冒充"好心人"，帮助事主办理取款等业务，借机偷看其交易密码，并实施诈骗。

◥ **小贴士** | **防范自助设备诈骗的措施和注意事项**

1. 自助设备若损坏，电话咨询所属行；钱款不可盲目转，自己钱财看稳当。

2. 仔细观察插卡口，防范他人动手脚；交易凭条妥处理，防范他人窃信息。

3. 取款之前查余额，资金状况了于胸；认真查看出钞口，未见异常才动手；钞票不出莫心慌，守住现场找银行。

4. 遮挡密码需谨记，防范他人背后觑；管好卡片警惕高，避免干扰被抢盗。

5. 事先学习如何用，尽量不找他人帮；若有问题不明了，求助银行最可靠。

▶ 三字经 ｜ 防范诈骗　保护财产

电话骗，短信诓，未核实，不转钱；

喜中奖，需冷静，骗子多，勿轻信；

重隐私，藏信息，拒诱惑，辨真伪；

多警惕，多防范，不贪心，不受骗。

▶ 小贴士 ｜ 银行卡被盗刷怎么办

如果遇到银行卡被盗刷，从维权及保留证据的角度考虑，一是要及时报警，并通知发卡银行，减少损失。二是要第一时间收集该款项并非由本人所支取或者消费的证据。例如收集可以证明交易时本人在其他城市的机票或其他凭证；或者在收到资金转出短信通知时第一时间去附近银行查询余额或者取款并保存凭证，证明卡在自己身上。

专栏 ｜ 快速识别假币

1. 看水印。第五套人民币纸币的固定水印位于各券别纸币票面正面左侧的空白处，把人民币迎光照看，可以看到立体感很强的水印。100元、50元纸币的固定水印为毛泽东头像图案。20元、10元、5元纸币的固定水印为花卉图案。假币水印一般为浅色油墨印盖在纸币正面或背面；还有一种假币水印是将币纸揭层后，在夹层中涂上白色糊状物，再在上面压盖上水银印模。真币水印生动传神，立体感强。假币水印缺乏立体感，多为线条组成，或过于清晰，或过于模糊。

2. 看安全线。第五套人民币纸币在票面正面中间偏左，均有一条安全线。100元、50元纸币的安全线，迎光透视，分别可以看到缩微文字"RMB100"、"RMB50"的微小文字，仪器检测均有磁性；20元纸币，迎光透视，是一条明暗相间的安全线，10元、5元纸币安全线为全息磁性开窗式安全线，即安全线局部埋入纸张中，局部裸露在纸面上，开窗部分分别可以看到由微缩字符"¥10"、"¥5"组成的全息图案，仪器检测有磁性。假币的"安全线"或是用浅色油墨印成，模糊不清，或是手工夹入一条银色塑料线，容易在纸币边缘发现未经剪齐的银白色线头。假币仿造的安全线微缩文字不清晰，线条活动易抽出。

3.看光变油墨。第五套人民币100元和50元纸币正面左下方的面额数字采用光变墨印刷。将垂直观察的票面倾斜到一定角度时，100元纸币的面额数字会由绿变为蓝色；50元纸币的面额数字则会由金色变为绿色。假币的无光变油墨或是光变的颜色不对。

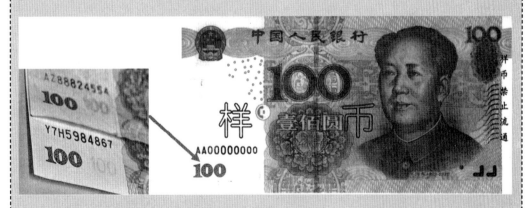

4.看票面图案是否清晰，色彩是否鲜艳，对接图案是否可以对上。第五套人民币纸币的阴阳互补对印图案应用于100元、50元和10元纸币中。这三种券别的正面左下方和背面右下方都印有一个圆形局部图案。迎光透视，两幅图案准确对接，组合成一个完整的古钱币图案。

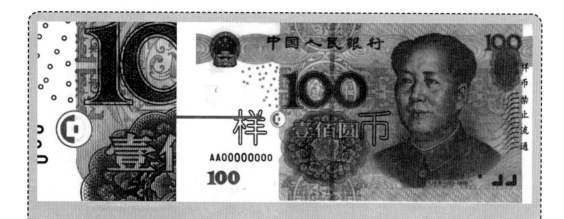

　　为了防范一些不法分子使用自助设备取到"假钱"与银行产生纠纷，也为了保护消费者合法权益，中国人民银行目前正在倡导并推行"冠字号查询"服务。冠字号码和我们每个人的身份证号码一样，实行"一票一号"，是每张人民币唯一的印证。

　　假币的流通给金融业的安全、稳健运行造成极大威胁，也给商品交换带来严重危害，为了维护金融秩序，也为了防止自身利益受到损害，青年朋友应主动学习识别假币的能力，打击制贩假币的犯罪行为。

▶ 小贴士 ｜ 假币如何处理

　　发现伪造、变造的人民币时，分两种情况处理：若数量较多、有制造贩卖伪造、变造的人民币线索的，报告公安机关查处；若数量较少，应及时上交中国人民银行或者办理人民币存取款业务的银行，由2名以上工作人员当面予以收缴，加盖"假币"字样的戳记，登记造册；收币机构须向假币持有人正式出具中国人民银行统一印制的收缴凭证。

持有人若对被收缴的伪造、变造人民币持有异议，可以向中国人民银行或者其授权的银行申请鉴定。盖有"假币"字样戳记的人民币，经鉴定为真币的，则按照面额予以兑换；经鉴定为假币的，予以没收。

3.3.2 防范非法集资

非法集资是指单位或者个人未依照法定程序经有关部门批准，以发行股票、债券、彩票、投资基金证券或者其他债权凭证的方式向社会公众筹集资金，并承诺在一定期限内以货币、实物以及其他方式向出资人还本付息或给予回报的行为。

▶ 小贴士 | 民间借贷

民间借贷是指公民之间、公民与法人之间、公民与其他组织之间的借贷。双方当事人意思表示真实即可认定有效，因借贷产生的抵押相应有效，对借款利息有约定的，从其约定。约定的利率不得超过借贷行为发生时中国人民银行公布的同期同档次贷款基准利率四倍。

参与民间借贷，为了避免借贷双方发生不必要的经济纠纷，保护债权人的经济利益，债权人需要注意以下几个方面：借贷要合法，注意考察借款人的信誉和偿还能力，订立协议，利率应合法，要求借款人提供担保，及时催收到期借款，运用法律追讨欠款。

▶ **法规链接**

　　"非法集资"是指法人、其他组织或者个人，未经有权机关批准，向社会公众募集资金的行为。

——《最高人民法院关于审理诈骗案件具体应用法律的若干问题的解释》

3.3.2.1　非法集资的主要特点

　　社会上非法集资活动花样频出，很少有直接以吸收公众存款的名义来集资的情况，往往采用商品营销、生产经营活动等形式来掩盖非法集资目的。主要有以下几个特点：

- 未经有关部门依法批准或者借用合法经营的形式吸收资金；

- 通过媒体、推介会、传单、手机短信等途径向社会公开宣传；

- 承诺在一定期限内以货币、实物、股权等方式还本付息或者给付回报；

- 向社会公众即社会不特定对象吸收资金。

　　简单地说就是具有未经批准、公开宣传、承诺回报、面向社会不特定对象四个特征。

3.3.2.2　非法集资的表现形式

　　非法集资情况复杂，表现形式多样，手段隐蔽，欺骗性很强。从当前案发情况看，大致可划分为债权、股权、商品营销、生产经营四大类。具体表现形式有：

- 借种植、养殖、项目开发、庄园开发、生态环保投资等名义非法集资。

● 以发行或变相发行股票、债权、彩票、投资基金等权利凭证或者以期货交易、典当为名进行非法集资。

● 通过认领股份、入股分红进行非法集资。

● 通过会员卡、会员证、席位证、优惠卡、消费卡等方式进行非法集资。

● 以商品销售与返租、回购与转让、发展会员、商家加盟与"快速积分法"等方式进行非法集资。

● 利用民间"会""社"等组织或者地下钱庄进行非法集资。

● 利用现代电子网络技术构造的"虚拟"产品，如"电子商铺"、"电子百货"投资委托经营、到期回购等方式进行非法集资。

● 对物业、地产等资产进行等分分割，通过出售其份额的处置权进行非法集资。

● 以签订商品经销合同等形式进行非法集资。

● 利用传销或秘密串联形式非法集资。

● 利用互联网设立投资基金形式非法集资。

● 利用"电子黄金投资"形式非法集资。

3.3.2.3　为什么要打击非法集资

大量"铁"的事实和"血"教训证明：非法集资是陷阱，而不是"馅饼"；是侵吞人民群众血汗钱的"绞肉机"，而不是人民群众致富的好门道；是严重危害国家、社会和人民合法权益的违法犯罪活动，而不是造福于国家、社会和人民的合法投资行为，必须予以严厉打击。其主要存在三大危害：

● 严重扰乱市场经济秩序。非法集资涉及地区广、人员多、形式多样、资金量大，诱骗了大量社会公众，吸纳了大量社会资金，严重破坏了市场经济的健康和谐发展。

● 危害国家安全和社会稳定。被骗参与非法集资者多为城市退休、下岗或无业人员、农民等，在校学生、少数民族群众等被骗参与非法集资的情况也日益突出。非法集资组织者经常唆使参与人员阻挠、对抗执法部门，围攻、打伤工商、公安执法人员的事件时有发生，不但极大地损害了群众利益，还进一步激化了社会矛盾，危害国家安全和社会和谐稳定。

● 参与非法集资的当事人会遭受经济损失，甚至血本无归。用于非法集资的钱可能是参与人一辈子节衣缩食省下来的，也可能是养命钱，而非法集资人对这些资金则任意挥霍、浪费、转移或者非法占有，参与人很难收回资金。

专栏｜旁氏骗局

查尔斯·庞兹（1920年）

庞氏骗局（Ponzi scheme，在华人社会又称为"非法集资""非法吸金"或"种金""老鼠会"）是层压式推销方式的一种，参与者要先付一笔钱作为入会代价，而其所赚的钱来自其他新加入的参加者，而非公司本身通过业务所赚的钱。投资者通过不断吸引新的投资者加入付钱，以支付上线投资者，通常在短时间内获得回报。但随着更多人加入，资金流入不敷出，骗局泡沫爆破时，最下线的投资者便会蒙受金钱损失。

"庞氏骗局"的称谓源自美国一名意大利移民查尔斯·庞兹（Charles Ponzi），他于1919年开始策划一个阴谋，成立一个空壳公司，谎称向这个事实上子虚乌有的企业投资，许诺投资者将在三个月内得到40%的利润回报，然后庞兹把新投资者的钱作为快速盈利付给最初投资的人，以诱使更多的人上当。由于前期投资的人回报丰厚，庞兹成功地在七个月内吸引了三万名投资者，这场阴谋持续了一年之久才被戳穿。

非法集资堪称中国式"庞氏骗局"，不法分子为吸引公众上当受骗，往往编造许诺给予集资参与者远高于正规投资回报的利息分红。为骗取更多人参与集资，非法集资者在集资初期，往往按时足额兑现承诺，待集资达到一定规模后，因资金链无法维系，使集资参与者遭受经济损失。

3.3.2.4 规避非法集资陷阱

● 对照银行贷款利率和普通金融产品的收益率，确定回报率是否过高。多数情况下明显偏高的投资回报很可能暗藏投资陷阱。

● 通过工商登记资料及政府网站，查询相关企业是不是经过国家批准注册的合法企业或上市公司，是否办理了税务登记，是否可以公开发行公司股票、债券、金融产品或者开展金融业务。

● 通过调查咨询等方式，了解相关集资企业资金投向是否是国家许可领域，经营项目是否真实存在。

● 一些影响较大的非法集资犯罪，相关媒体多会进行报道，可通过媒体和互联网资源，搜索查询相关企业违法犯罪记录。

● 增加金融知识储备，平时可以多关注一些新金融产品、业务内容，了解其各自特点和风险，主动提高风险识别能力。

▶ 三字经 ｜ 非法集资

私集资，违法律，骗钱财，危害大；

巧立名，伪包装，形式多，隐藏深；

空承诺，难兑现，假宣传，高利诱；

冷静辨，莫受骗，远诱惑，保安全。

后　记

　　在国内琳琅满目的金融知识读本中，还没有一本专门面向青年读者的银行业金融知识读本，尤其缺乏对于青年读者至关重要的财务规划方面的内容介绍。事实上，个人财务管理不仅包括个人资产的持续管理，还包括个人负债的合理安排，这些新颖实用的内容，首次出现在本书中。编写本书的目的，就是给青年读者一种实用的指引，帮助青年朋友了解科学的财务规划和常见实用的银行业金融知识，并由此养成良好的财务管理习惯，在必要的时候懂得采取合法合理的维权方式保护自己的正当权益。

　　化繁为简是一种艺术，这个道理对于编写读本性质的书籍同样适用。在有限的篇幅内给读者介绍这些知识和理念看似简单，但背后凝聚了编写人员认真的思考与反复的推敲。本书引入案例、专栏、温馨提示和小贴士，通过图文并茂的形式，力求简洁清晰地提示青年读者在购买和接受银行业金融产品和服务时的注意事项。考虑到青年读者是金融产品和服务的活跃用户，具有喜欢研究和尝试等特点，本书特别编辑了"结构性理财产品"、"微信银行"、"第三方支付"等专业性较强、观念较创新的金融知识，同时舍弃了转账汇款等青年读者所熟知的基本介绍。为了帮助读者朋友理解深奥的理财产品结构，本书尝试加入了相关示例并进行相应的解读和说明。这些尝试都属于创新的范畴，我们希望在金融创新日新月异的今天，金融知识的普及也能够以更加新颖、实用的方式给广大读者带来便利。

后记又称"跋"。本意是把腿脚往上拖拉出来，所谓"跋涉山川、蒙犯霜露"，正好道出了编写人员的执著和艰辛。同时"跋"又有"火炬"的意思，本书编写组希望《银行业金融知识读本青年篇（2014版）》的付梓，就像点燃一把小小的火炬，能够给青年读者带来知识的力量和财务管理的光明，即便只是些微的帮助，也足以让我们宽慰。

《银行业金融知识读本青年篇（2014版）》就是在这样的美好愿景和艰苦努力下由中国银监会公众教育服务中心组织编写完成。本书在编写过程中得到了北京、天津、河北、上海、安徽、山东、宁波、青岛银监局和中国工商银行、中国建设银行、华夏银行的大力支持，而本书的顺利出版还得益于中国金融出版社严谨细致的工作态度和专业能力，在此一并致谢。

本书成书时间仓促，再加上水平有限，虽经编者反复校对核实，但书中不妥之处在所难免，欢迎广大读者指正。

中国银监会公众教育服务中心

二〇一四年八月